总师大讲堂

图解公路工程施工技术

王　旻　张振和　主编

本书针对公路工程的特点，系统地介绍了公路工程的基本施工方法和施工要点，也介绍了近年来应用日益广泛的新技术和新工艺，通过使用大量简明易懂的插图和简练的文字对施工过程的各个工序进行了清晰直观的介绍。

本书共分为6章，包括：路基工程施工技术，路面工程施工技术，桥梁、涵洞工程施工技术，隧道工程施工技术，公路隧道新奥法施工技术，公路附属设施的施工技术。

本书可作为公路工程施工技术、管理等相关岗位人员的学习用书，也可作为施工人员学习操作的参考书籍，同时也可作为大、中专院校相关专业师生的参考用书。

图书在版编目（CIP）数据

图解公路工程施工技术/王旻，张振和主编．—北京：机械工业出版社，2020.10（2023.11重印）

（总师大讲堂）

ISBN 978-7-111-66721-6

Ⅰ．①图… Ⅱ．①王… ②张… Ⅲ．①道路工程-工程施工-图解 Ⅳ．①U415-64

中国版本图书馆 CIP 数据核字（2020）第 189528 号

机械工业出版社（北京市百万庄大街22号 邮政编码100037）
策划编辑：汤 攀 责任编辑：汤 攀 刘志刚
责任校对：刘时光 封面设计：张 静
责任印制：单爱军
北京虎彩文化传播有限公司印刷
2023年11月第1版第4次印刷
169mm×239mm・13.25印张・240千字
标准书号：ISBN 978-7-111-66721-6
定价：49.00元

电话服务 网络服务
客服电话：010-88361066 机 工 官 网：www.cmpbook.com
　　　　　010-88379833 机 工 官 博：weibo.com/cmp1952
　　　　　010-68326294 金 书 网：www.golden-book.com
封底无防伪标均为盗版 机工教育服务网：www.cmpedu.com

编写人员名单

主　编

王　旻　张振和

参　编

林　琳　王学永　张文川
贺钰钦　于文静　曾亚萍
赵小云　张小平　张建忠
尹秀珍　陈素叶　张小琴
刘文清　张巧霞　付喜梅
赵　义　牛淑娟

前言
FOREWORD

改革开放以来，随着我国经济水平的不断提高，原有的公路已经不能满足经济快速发展的需要，国家开始大力开展公路工程建设。众多的高速公路、国道、省道得以修建，近几年来，"村村通""路路通"的政策使农村的道路也得以翻新。"十三五"时期，我国交通运输发展正处于支撑全面建成小康社会的攻坚期、优化网络布局的关键期、提质增效升级的转型期，将进入现代化建设新阶段。预计未来几年仍将保持快速增长趋势。

公路工程施工作为公路建设中一项重要的环节，是把施工图纸变为实际工程的重点步骤之一。同时，公路管理人员也需要从各方面进行管理和控制，及时发现施工中的问题，并能提出解决问题的对策，才能保证整个公路工程的施工质量。结合编者自身多年的施工经验，本书将公路施工过程图解化，利用图解方式对公路工程施工中的重要内容，按照基础知识——施工工艺流程——施工细节操作——施工常见问题及质量验收的流程进行了全面梳理，结合大量的现场图片和讲解，帮助读者快速掌握施工要点，同时为读者提供一本切实有用的学习资料。

本书内容编写方面具有的特点有：

1. 实操性强。本书的内容基本都来自于施工经验的总结，在内容选取上，舍弃了规范中大篇幅的施工要求等具体内容，选择了施工现场需要掌握的操作要点和技巧等内容，辅以现场施工照片，可以帮助读者快速掌握现场施工技术。

2. 清晰明了。本书对公路工程施工中的重点内容都进行了简述，并对每一个子项目提供了施工工艺流程，并对重要的施工细节进行了讲解。工艺流程严格控照施工工序编写，操作工艺简明扼要，在施工过程中可直接引用。

3. 形式新颖。对于具体的施工技术和施工要求，采用图片加旁注文字相结合的形式，新颖而不枯燥。

4. 知识新。对新材料、新产品、新技术、新工艺进行了较全面的介绍，淘汰已经落后的、不常用的施工工艺和方法。

本书在编写过程中，得到了许多同行的大力支持和帮助，在此一并表示感谢。由于时间仓促，书中不免会有错误和不妥之处，恳请广大读者批评指正。

编　者

目 录

前言

第1章 路基工程施工技术 ... 1
1.1 施工准备 ... 1
1.1.1 基本工作 ... 1
1.1.2 路基施工的主要机械设备 ... 2
1.2 挖方路基 ... 5
1.2.1 土方路基施工 ... 5
1.2.2 石质路基施工 ... 8
1.3 填方路基 ... 10
1.3.1 土方路基施工 ... 11
1.3.2 石质路基施工 ... 14
1.4 特殊土路基 ... 16
1.4.1 软土地区路基施工 ... 17
1.4.2 膨胀土地区路基施工 ... 20
1.4.3 湿陷性黄土地区路基施工 ... 21
1.4.4 滑坡地段路基施工 ... 23
1.5 路基支挡与防护 ... 27
1.5.1 坡面防护 ... 27
1.5.2 沿河路基防护 ... 31
1.5.3 支挡构筑物 ... 33
1.6 排水施工 ... 36

1.6.1　边沟的设置与施工 ……………………………………………… 36
　　1.6.2　截水沟的设置与施工 …………………………………………… 38
　　1.6.3　排水沟的设置与施工 …………………………………………… 39
　　1.6.4　跌水与急流槽 …………………………………………………… 40
　　1.6.5　渡槽与倒虹吸 …………………………………………………… 41
　　1.6.6　路基常用的地下排水设施 ……………………………………… 42

第2章　路面工程施工技术 …………………………………………… 46

2.1　基础知识 ……………………………………………………………… 46
2.2　路面基层、底基层施工技术 ………………………………………… 47
　　2.2.1　级配碎石基层、底基层施工 …………………………………… 47
　　2.2.2　半刚性路面基层、底基层施工 ………………………………… 50
　　2.2.3　施工常见问题 …………………………………………………… 53
　　2.2.4　路面基层、底基层施工质量控制及检查验收 ………………… 54
2.3　路面面层施工技术 …………………………………………………… 55
　　2.3.1　水泥混凝土路面 ………………………………………………… 55
　　2.3.2　热拌沥青混合料面层 …………………………………………… 59
　　2.3.3　改性沥青及改性沥青混合料面层 ……………………………… 63
2.4　中央分隔带施工技术 ………………………………………………… 66
　　2.4.1　中央分隔带 ……………………………………………………… 66
　　2.4.2　盲沟 ……………………………………………………………… 67
2.5　路肩施工 ……………………………………………………………… 69
　　2.5.1　土路肩 …………………………………………………………… 69
　　2.5.2　硬路肩 …………………………………………………………… 72

第3章　桥梁、涵洞工程施工技术 …………………………………… 75

3.1　桥梁、涵洞施工技术标准 …………………………………………… 75
　　3.1.1　桥梁组成与分类 ………………………………………………… 75
　　3.1.2　桥梁、涵洞技术指标 …………………………………………… 75
3.2　桥梁下部结构施工技术 ……………………………………………… 76
　　3.2.1　明挖基础 ………………………………………………………… 77

3.2.2　钻孔灌注桩基础施工 ··· 81
3.2.3　桥梁承台施工 ··· 85
3.2.4　桥梁墩台施工 ··· 88
3.2.5　盖梁施工 ·· 91
3.2.6　质量通病和注意事项 ·· 93

3.3　桥梁上部结构施工技术 ·· 94
3.3.1　预制梁板施工 ··· 94
3.3.2　模板与支座安装 ·· 97
3.3.3　钢筋 ··· 100
3.3.4　桥面铺装 ·· 104
3.3.5　桥梁伸缩装置 ··· 105
3.3.6　防水层 ··· 109

3.4　大跨径桥梁施工 ··· 110
3.4.1　斜拉桥施工 ··· 110
3.4.2　悬索桥施工 ··· 114

3.5　涵洞工程施工技术 ·· 117
3.5.1　圆管涵、箱涵 ··· 117
3.5.2　盖板涵、拱涵 ··· 123

第4章　隧道工程施工技术 ·· 130

4.1　公路隧道施工常用方法与施工方案选择 ··························· 130
4.1.1　传统矿山法 ··· 130
4.1.2　掘进机法 ·· 130
4.1.3　明挖法 ··· 131
4.1.4　沉管法 ··· 131
4.1.5　施工方案选择 ··· 132

4.2　公路隧道洞口、明洞施工 ·· 133
4.2.1　基础知识 ·· 133
4.2.2　施工工艺流程 ··· 135
4.2.3　施工细节操作 ··· 136
4.2.4　施工常见问题及质量验收 ··································· 137

4.3 公路隧道开挖与初期支护工程 …………………………… 138
4.3.1 基础知识 …………………………………………… 138
4.3.2 施工工艺流程 ……………………………………… 141
4.3.3 施工细节操作 ……………………………………… 141
4.3.4 施工常见问题及质量验收 ………………………… 144

4.4 防水与排水 …………………………………………………… 145
4.4.1 基础知识 …………………………………………… 145
4.4.2 施工工艺流程 ……………………………………… 148
4.4.3 施工细节操作 ……………………………………… 148
4.4.4 施工常见问题及质量验收 ………………………… 150

4.5 公路隧道盾构施工 …………………………………………… 150
4.5.1 基础知识 …………………………………………… 150
4.5.2 施工工艺流程 ……………………………………… 151
4.5.3 施工细节操作 ……………………………………… 151
4.5.4 施工常见问题及质量验收 ………………………… 153

4.6 风水电作业及通风防尘 ……………………………………… 154
4.6.1 压缩空气供应 ……………………………………… 154
4.6.2 施工供水与排水 …………………………………… 154
4.6.3 施工供电与照明 …………………………………… 156
4.6.4 通风与防尘 ………………………………………… 157
4.6.5 隧道三管两线布置 ………………………………… 159
4.6.6 施工常见问题及质量验收 ………………………… 160

4.7 监控量测 ……………………………………………………… 161
4.7.1 隧道监控量测的定义 ……………………………… 161
4.7.2 监控量测的目的与任务 …………………………… 161
4.7.3 主要量测项目的量测 ……………………………… 162
4.7.4 数据整理与成果分析 ……………………………… 163

4.8 特殊地质地段的施工与地质预报 …………………………… 163
4.8.1 基础知识 …………………………………………… 163
4.8.2 特殊地质地段施工 ………………………………… 164
4.8.3 地质预报 …………………………………………… 169

4.8.4　施工注意事项 …………………………………………………… 170

第5章　公路隧道新奥法施工技术 …………………………………… 171
5.1　新奥法施工 …………………………………………………………… 171
5.2　新奥法施工开挖方式 ………………………………………………… 172
5.3　新奥法施工案例展示 ………………………………………………… 178

第6章　公路附属设施的施工技术 …………………………………… 182
6.1　公路安全设施施工 …………………………………………………… 182
　　6.1.1　护栏 ……………………………………………………………… 182
　　6.1.2　防眩设施 ………………………………………………………… 185
　　6.1.3　视线诱导设施 …………………………………………………… 187
　　6.1.4　交通标志 ………………………………………………………… 189
　　6.1.5　交通标线 ………………………………………………………… 190
6.2　公路绿化工程施工 …………………………………………………… 191
　　6.2.1　基础知识 ………………………………………………………… 191
　　6.2.2　公路绿化施工 …………………………………………………… 192

第1章　路基工程施工技术

公路路基是路面的基础，是线形承重主体，承受着自身土体的自重和路面结构的重量，以及由路面传递下来的行车荷载。没有稳定坚固的路基，就不会有一个好的路面，松软的路基会产生不均匀下沉现象，造成路面开裂和不平整，进而影响行车的速度、安全、舒适和道路的畅通，因此，对路基施工应严格按照各工序要求进行。

1.1　施工准备

1.1.1　基本工作

路基施工前应做好组织、物资和技术准备工作。技术准备工作是工程顺利实施的基础，直接影响工程的进度、质量和经济效益。技术准备工作的内容主要包括熟悉设计文件、现场调查核对、复测与放样、试验及试验路段施工等。

1. 准备内容

（1）路基开工前，施工单位应在全面熟悉设计文件和设计交底的基础上，进行现场核对和施工调查，发现问题应及时根据有关程序提出修改意见并报请变更设计。

（2）根据现场收集到的情况、核实的工程数量，按工期要求、施工难易程度和人员、设备、材料准备情况，编制实施性的施工组织设计，报现场监理或业主批准并及时提出开工报告。重要项目应编制路基施工网络计划。

（3）修建生活和工程用房，解决好通信、电力和水的供应；修建供工程使用的临时便道、便桥，确保施工设备、材料、生活用品的供应；设立必要的安全标志。

2. 试验

（1）路基施工前，按照有关规定和要求，建立驻地实验室。

（2）路基施工前，应对路基基底土进行相关试验。每公里至少取2个点；土质变化大时，视具体情况增加取样点数。

（3）应及时对来源不同、性质不同的拟作为路堤填料的材料进行复查和取样试验。土的试验项目包括天然含水量、液限、塑限、标准击实试验、CBR 试验等，必要时应做颗粒分析、密度、有机质含量、易溶盐含量、冻胀和膨胀量等试验。

(4) 如使用特殊材料作为填料时，应按相关标准作相应试验，必要时还应进行环境影响评估，经批准后方可使用。

3. 场地清理

(1) 施工前应按设计要求进行公路用地放样，由业主办理征用土地手续。施工单位可根据施工需要提出增加临时用地计划，并对增加部分进行公路用地测量，绘制用地平面图及用地划界表，送交有关单位办理拆迁及临时占用土地手续。

(2) 路基用地范围内的既有房层、道路、河沟、通信及电力设施、上下水道、坟墓及其他建筑，均应协助有关部门事先拆迁或改造；对于路基附近的危险建筑应予以适当加固；对文物古迹应妥善保护。

(3) 路基用地范围内的树木、灌木丛等均应在施工前砍伐或移植清理，砍伐的树木应移置于路基用地之外，进行妥善处理。高速公路、一级公路和填方高度小于1m 的其他公路应将路基范围内的树根全部挖除并将坑穴填平夯实；填方高度大于1m 的其他公路允许保留树根，但其根部露出地面不得超过 20cm。取土坑范围内的树根也应全部挖除。

(4) 在填方和借方地段的原地面应进行表面清理，清理深度应根据种植土厚度决定，清理出的种植土应集中堆放。填方地段在清理完地表面后，应整平压实到规定要求，才可进行填方作业。

1.1.2 路基施工的主要机械设备

路基施工机械包括土石方机械和压实机械两大类，土方机械主要包括推土机、铲运机、平地机、挖掘机和装载机，担负土石方的填挖、铲装、运输和整平作业。

1. 推土机

推土机是一种自行式的挖土、运土工具。运距在 100m 以内的平土或移挖作业时采用，以 30～60m 为最佳运距。推土机的特点是操作灵活，运输方便，所需工作面较小，行驶速度较快，易于转移。推土机可以单独使用，也可以卸下铲刀牵引其他无动力的土方机械。

推土机示意图如图 1-1 所示。

图 1-1 推土机示意图

2. 铲运机

铲运机是以带铲刀的铲斗为工作部件的铲土运输机械，兼有铲装、运输、铺卸土方的功能，铺卸厚度方便控制，主要用于大规模的土方调配和平土作业，但不宜在混有大石块和树桩的土壤中作业。

铲运机是一种适合中距离铲土运输的施工机械，其经济运距范围较大（100～2000m）。铲运机一机就能实现铲装、运输，还能以一定的层厚进行均匀铺卸，与其他铲土机械配合运输车作业具有较高的生产效率和经济性，广泛用于公路、铁路、港口、建筑、矿山采掘等土方作业。铲运机示意图如图1-2所示。

3. 平地机

平地机是一种铲土、运土、卸土同时进行的连续作业机械，是土方工程中用于整形和平整作业的主要机械，广泛用于公路、机场等大面积的地面平整作业。平地机是一种高速、高效、高精度和多用途的土方工程机械。它可以完成公路、机场、农田等大面积的地面平整和挖沟、刮坡、推土、排雪、疏松、压实、布料、拌和、助装和开荒等工作，是国防工程、矿山建设、道路修筑、水利建设和农田改良等施工中重要的工程机械。平地机示意图如图1-3所示。

图1-2　铲运机示意图　　　　图1-3　平地机示意图

4. 挖掘机

挖掘机的特点为效率高、产量大，但机动性较差；适用范围为开挖路堑、填筑高路基等。

挖掘机的类型：

（1）迷你挖掘机泛指总重量6t以下含6t的挖掘机，车型小，方便在狭小作业场地高效、安全地运转。

（2）中型挖掘机泛指总重量6t以上40t以下含40t的挖掘机，也是最常见的挖掘机类型。

（3）大型挖掘机泛指总重量40t以上的挖掘机，使用场地通常为大型采矿场。

(4)反铲挖掘机也是大型挖掘机的一种,将挖斗反装,能在矿场中以更快的速度挖掘,增加工作效率。反铲挖土机的特点是"后退向下,强制切土"。

(5)轮式挖掘机是中型挖掘机的一种,只是将下半身的履带改制成类似一般汽车的轮胎,使其能拥有比一般中型挖掘机更快的移动速

图1-4 挖掘机示意图

度及更强的机动性在挖掘中加快移动速度,增加工作效率,缺点是无法像一般使用履带的中型挖掘机一样轻松行使于各种状况较差、较松软的路面。挖掘机示意图如图1-4所示。

5. 装载机

装载机主要用来铲、装、卸、运土和石料一类散状物料,可以对岩石、硬土进行轻度铲掘作业,也可以用来整理、刮平场地以及进行牵引作业;换装相应的工作装置后,还可以进行挖土、起重以及装卸棒料等作业。装载机示意图如图1-5所示。

图1-5 装载机示意图

6. 压路机

(1)单钢轮振动压路机。单钢轮振动压路机具有静线载荷大、压实影响深、作业效率高等特点,可以有效地压实各类砂土、砂砾石等非黏性土壤、碎石、块石、堆石等不同类型的铺层,适用于道路、机场、路堤填方、海港码头、大坝等土石方基础压实施工。

(2)双钢轮振动压路机。双钢轮振动压路机主要适用于沥青混凝土、RCC混凝土等路面的压实,也可用于路基、次路基和稳定层等的压实。

(3)轮胎压路机。轮胎压路机是一种依靠机械自身重力,通过特制的充气轮胎对铺层材料以静力压实作用来增加工作介质密实度的压实机械,被广泛应用于各种

材料的基础层、次基础层、填方及沥青面层的压实作业；尤其是在沥青路面压实作业时，其独特的柔性压实功能是其他压实设备无法代替的，是沥青混合料复压的主要机械，也是建设高等级公路、机场、港口、堤坝及工业建筑工地的理想压实设备。压路机示意图如图1-6所示。

图1-6　压路机示意图

1.2　挖方路基

挖方路基指的是路基表面低于原地面时，从原地面至路基表面挖去部分的土石体积。路堑开挖施工，应综合考虑开挖段的地形、地质、地貌等自然因素，还应考虑各种施工机械的使用性能。开挖应根据路堑的深度、纵向长度，以及地形、地质、土石方调配情况和机械设备条件等因素确定。在路堑开挖前，应做好各种准备工作，并建立一系列的安全保障措施，保证施工的安全、顺利进行，保证施工的工程质量。挖方路基的施工包括土方开挖和石方开挖两个方面。

1.2.1　土方路基施工

1. 施工前提条件

（1）现场安全质量保证体系已建立，明确了工区施工负责人，包括质量、安全负责人。

（2）详细复查设计文件所确定的路堑地段的工程地质资料及路堑边坡，根据其工程地质情况、工程量的大小和工期复查施工组织设计，核实（或编制）开挖工程断面图和调整土方调运图表。

（3）路基测量放样已完成，且设置桩标明轮廓，并经监理复核批准。

（4）施工现场的征地、拆迁、清理表层等工作已完成。

（5）设计图纸及文件已审核，提出的问题已得到相关部门的回复，并对技术员及班组进行了详细的技术交底。

（6）对沿线拟利用土质已进行检测、试验。

（7）截水沟、排水沟等临时的排水设施已做好，并应贯通至桥涵或沟渠顺利排出。

（8）分项工程开工报告已得到批复，施工现场的劳动力、施工机械能够满足施工进度及质量的要求。

2. 施工工艺流程

挖方路基施工工艺流程图如图1-7所示。

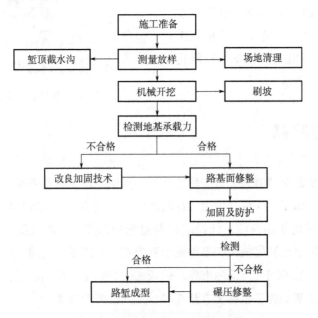

图1-7 挖方路基施工工艺流程图

3. 施工细节操作

（1）挖方路基。

挖方路基示意图如图1-8所示。

图1-8 挖方路基示意图

（2）根据测量中线和边桩开挖，挖方段不得超挖，应留有余量，压路机应采用不小于12t的压路机。压路机碾压图如图1-9所示。

图1-9　压路机碾压图

（碾压时，视土的干湿情况采取洒水或换土、晾晒等措施，还要做到对雨水支管及检查井回填）

（3）雨水支管及检查井四周不能使用大型压实机械压实。雨水支管及检查井四周填料图如图1-10所示。

（用石灰土或石灰粉煤灰砂砾填实）

图1-10　雨水支管及检查井四周填料图

4. 土质路堑开挖注意事项

根据以往经验，路堑中发生的问题，多数是水造成的，因此，在开挖路堑的施工过程中，无论采用哪种开挖方法，均应保证在开挖过程中及竣工后的顺利排水。为了及时将水排除，开挖底面要经常保持一定的纵向排水坡度，这样做不但对排水有利，而且对运输也有利。

路堑开挖时，要经常检查路堑边坡与设计边坡是否一致。每挖到一定深度或接近变坡点位置时，应恢复中线并抄平，及时掌握开挖底面的标高。尤其是当开挖深度接近路基面时，更应勤加检查，以免造成超挖、欠挖现象。

弃土堆的位置应按有关规定作好规划，严格按规划施工。要避免因弃土堆距离太近，增大坡顶压力，造成边坡坍塌现象。弃土堆内侧坡脚至堑顶边缘之间，一般应留有2~5m距离（称为隔带）。

1.2.2 石质路基施工

1. 基础知识

在山丘地区，路基石方占有相当大的比例，石质路基是一种最常见、最普遍的路基形式。因此，研究石质路基的施工，具有重要的意义。由于岩石坚硬，石质路堑的开挖往往比较困难，这对路基的施工进度影响很大，尤其是工程量大而集中的山区石方路堑更是如此。因此，采用何种开挖方法以加快工程进度，是石质路堑开挖需要解决的重要问题。通常，应根据岩石的类别、风化程度、节理发育程度、施工条件及工程量大小等选择爆破法、松土法或破碎法进行开挖。

2. 施工工艺流程

石质路堑开挖施工工艺流程图如图1-11所示。

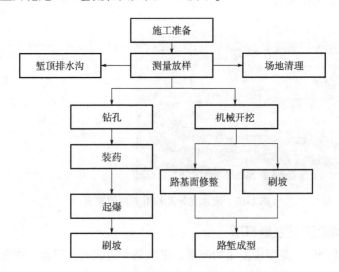

图1-11 石质路堑开挖施工工艺流程图

3. 施工细节操作

（1）爆破法。爆破法是利用炸药爆炸的能量将土石炸碎以利于开挖运输或借助于爆炸能量将土石移到预定位置。用这种方法开挖石质路堑具有工效高、速度快、劳动力消耗少、施工成本低等优点。对于岩质坚硬，不可能用人工或机械开挖的石质路堑，通常要采用爆破法开挖，爆破后用机械清方，是非常有效的路堑开挖方法。爆破法开挖现场如图1-12所示。

第1章 路基工程施工技术

图 1-12 爆破法开挖现场

根据炸药用量的多少，爆破法分为中小型爆破和大爆破，其中使用频率最高的是中小型爆破，大爆破的应用则受多种因素的限制。例如开挖山岭地带的石方路堑时，若岩层不太破碎、路堑较深且线路通过突出的山嘴时，采用大爆破开挖可有效提高施工效率。但如果路堑位于页岩、片岩、砂岩、砾岩等非整体性岩体区域时，则不应采用大爆破开挖。尤其是路堑位于岩石倾斜朝向线路且夹有砂层、黏土层的软弱地段及易坍塌的堆积层时，禁止采用大爆破开挖，以免对路基稳定性造成危害。

（2）松土法。松土法开挖是充分利用岩体的各种裂缝和结构面，先用推土机牵引松土器将岩体翻松，再用推土机或装载机与自卸汽车配合将翻松的岩块搬运到指定地点。松土法施工图如图 1-13 所示。

利用岩石自身存在的裂面和结构面，用推土机牵引的松土器将岩体翻碎，再用其他铲运机械运出去

图 1-13 松土法施工图

松土法开挖避免了爆破作业的危险性，而且有利于挖方边坡的稳定和附近建筑设施的安全。凡能用松土法开挖的石方路堑，应尽量不采用爆破法施工。

（3）松碎法。松碎法将凿子安装在推土机或挖土机上，利用活塞的冲击作用使凿子产生冲击力以凿碎岩石，其破碎岩石的能力取决于活塞的大小。松碎法主要用于岩体裂缝较多、岩块体积小、抗压强度低于100MPa的岩石，由于开挖效率不高，只能用于前述两种方法不能使用的局部场合，作为爆破法和松土法的辅助作业方式。松碎法施工现场如图1-14所示。

图1-14　松碎法施工现场

4. 石质路基开挖注意事项

（1）根据地形、地质、开挖断面及施工机械配备等情况，采用能保证边坡稳定的方法施工。开挖的石方须破碎作为路基填方材料。

（2）深挖路基施工，应逐级开挖，逐级按设计要求进行防护。

（3）石方开挖严禁采用峒式爆破，近边坡部分宜采用光面爆破或预裂爆破。

（4）采用爆破法开挖石方，应先查明空中缆线、地下管线的位置、开挖边界线外可能受爆破影响的建筑物结构类型、居民居住情况等，然后制订详细的爆破技术安全方案。

（5）在石方开挖区应注意施工排水，在纵向和横向形成坡面开挖面，其坡度应满足排水要求，以确保爆破出的石料不受积水浸泡。

（6）石方路堑的路床顶面标高，应符合图纸要求，高出部分应铺以人工凿平，超挖部分应按监理批准的材料回填并填压密实稳固。

1.3　填方路基

填方路基施工是在原地面上进行路基填筑，它的质量好坏直接影响着道路工程的整体质量。因此，只有掌握了正确的施工工序，掌握了基底处理方法及填筑材料的选择，掌握了正确的填筑、碾压方法，掌握了路基填筑的各种不同施工工艺及质量控制方法，才能顺利地完成填方路基施工任务，保证填方路基的施工质量，保证道路整体的强度和稳定性,为路面基层和面层的施工打好基础。

1.3.1 土方路基施工

1. 填方土料的选用

(1) 碎石类土、砂土、爆破石渣及含水量符合压实要求的黏性土可作为填方土料。

(2) 淤泥、冻土、膨胀性土及有机物含量大于8%的土,以及硫酸盐含量大于5%的土均不能做填方土料。含水量大的黏土不宜做填方土料使用。

(3) 填方应尽量采用同类土填筑。如果填方中采用两种透水性不同的填料时,应分层填筑,上层宜填筑透水性较小的填料,下层宜填筑透水性较大的填料。各种土料不得混杂使用,以免填方内形成水囊。

(4) 填方施工应接近水平地分层填土,分层压实,每层的厚度根据土的种类及选用的压实机械而定。应分层检查填土压实质量,符合设计要求后,才能填筑上层。当填方位于倾斜的地面时,应先将斜坡挖成阶梯状,然后分层填筑,以防止填土横向移动。

2. 施工工艺流程

土方路基施工工艺流程图如图 1-15 所示。

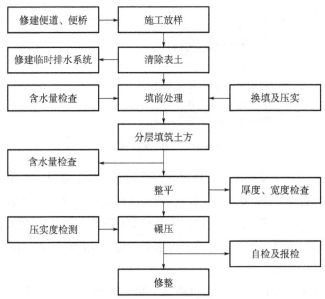

图 1-15 土方路基施工工艺流程图

3. 施工细节操作

（1）施工准备。路堤填筑前，先根据填土高度和试验段确定的分层厚度及压实参数，计算出分层数、虚铺厚度、压路机行走速度和碾压遍数，现场绘出分层施工图。

（2）分层填筑。分层填筑施工如图1-16所示。

图1-16　分层填筑施工

（由场地最低部分开始，由一端向另一端由下而上分层铺填）

（3）摊铺整平。填料摊铺整平如图1-17所示。

图1-17　填料摊铺整平

（填料摊铺整平应用推土机进行初平，平地机终平，挂线施工，控制层面无显著的局部凸凹）

（4）洒水和晾晒。填料碾压前应做含水量检测，对于细粒土和粉质黏土偏离最佳含水率的限值宜在+2%～-3%以内。若含水量过低，则可在路基上洒水拌合或提前在取土坑内闷湿。若含水量过高，则可将土在路基上摊开晾晒和取土坑内翻松晾晒，并适当减少填层厚度，确保填料含水量在施工允许范围内。洒水和晾晒如图1-18所示。

（5）碾压夯实。采用振动压路机碾压。第一遍静压，先慢后快，由弱振到强振，碾压速度按试验段数据控制，碾压顺序由两侧向中间进退碾压。曲线地段由内

图 1-18　洒水和晾晒

侧向外侧，横向接头重叠 0.4~0.5m，前后相邻两区段重叠 1.5~2.0m。根据压实部位，按试验段取得的数据控制压实遍数，一般情况下，基床表层为 6~8 遍，基床下部为 3~5 遍，基底为 3~4 遍。对路肩两侧边角压路机不易压到的地方，采用蛙式打夯机，人工夯实。振动压路机碾压如图 1-19 所示。

图 1-19　振动压路机碾压

（6）预留沉降加高量。路堤预留沉降加高量根据标段内不同填土高度分段计算，坡脚位置仍按路肩设计高程测定，边坡较设计稍陡，路基面适当加宽加高，使路基沉降后仍符合设计要求。

4. 注意事项

（1）回填土应按规定每层取样测量夯实后的干容重，在符合设计或规范要求后才能回填上一层。

（2）严格控制每层回填土厚度，禁止汽车直接卸土入槽。

（3）严格选用回填土质量，控制含水量、夯实遍数等是防止回填土下沉的重要环节。

（4）管沟下部、机械夯填的边角位置及墙与地坪、散水的交接处，应仔细夯实,并应使用细粒土料回填。

(5) 雨天不应进行填方的施工。如必须施工时,应分段尽快完成,且宜采用碎石类土和砂土、石屑等填料。现场应有防雨和排水措施,防止地面水流入坑(槽)内。

(6) 路基、室内地台等填土后应有一段自然沉实的时间,测定沉降变化,稳定后才进行下一工序的施工。

1.3.2 石质路基施工

1. 基础知识

在山丘地区,路基石方占有相当大的比例,石质路基是一种最常见、最普遍的路基形式。因此,研究石质路基的施工,具有重要的意义。填石路基的施工,除应考虑石料性质、石块大小、填筑高度和边坡坡度等因素外,还应注意选择正确的填筑方法。正确的填筑方法对路堤达到应有的密实度与稳定性要求具有重要的意义。

填料要求:填石路基石料的最大粒径不宜超过层厚的2/3。每层的松铺厚度:高等级公路不宜大于0.5m,填料的最大粒径不得大于10cm;其他公路不宜大于1.0m,填料的最大粒径不得大于15cm。当石料强度小于15MPa时,石块最大尺寸不得超过压实层厚,超过的应打碎。

2. 施工工艺流程

石质路基施工工艺流程如图1-20所示。

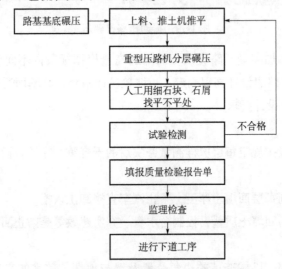

图1-20 石质路基施工工艺流程

3. 施工细节操作

(1) 划分区段。划分区段如图 1-21 所示。

图 1-21　划分区段

在验收合格的地基上划分作业区段，各区段依次循环作业，达到要求标准后方可进行下一步作业

(2) 分层填筑。分层填筑时，应事先安排好石料运输路线，按规定的施工方案先低后高，先两侧后中央卸料，并用大型推土机水平分层，摊铺整平，个别不平处用人工以细石块、石屑找平。石料分层填筑如图 1-22 所示。

图 1-22　石料分层填筑

人工填筑粒径大于25cm的石料时，应先铺大块石料，块石大面向下，摆放平稳，再用小石块找平，石屑塞缝，最后压实

(3) 摊铺整平。推土机整平如图 1-23 所示。

图 1-23　推土机整平

卸下的石料用推土机整平，整平要均匀，使石块之间无明显高差，个别不平地段人工配合用细粒料找平，个别尖角用8磅大锤人工砸掉

(4) 布测点。沿线路纵向每 20m 设一观测断面，在每一断面上由路基中心开始，每隔 5m 设一测点，测点要设在整齐而坚硬的块石上，防止被破坏。

(5) 振动碾压。碾压时应先两侧后中央平行作业，行与行之间要重叠 0.4~0.5m，前后相邻地区要重叠 1~2m，以保证各区段碾压密实。振动碾压如图 1-24 所示。

采用 30~50t 振动压路机分层碾压，直至压实层顶面稳定，无下沉，石块紧密，表面平整为止

图 1-24 振动碾压

4. 注意事项

(1) 分层松铺厚度为"高速、一级"，则不宜大于 0.5m；"其他公路"，则不宜大于 1.0m。

(2) 分层填筑时，应按水平分层，先低后高，先两侧后中央卸料，并用大型推土机摊平，个别不平处应配合人工用细石块或石屑找平。

(3) 人工填筑粒径 ≥25cm，先铺填大块石料，大面向下，小面向上，摆平放稳，再用小石块找平，石屑塞缝，最后压实；粒径小于 25cm，可直接分层摊铺，分层碾压。

(4) 填料岩性相差较大，则应将不同岩性的填料分层或分段填筑。

1.4 特殊土路基

特殊路基，一般是指修建在不良地质现象、特殊地形情况、某些特殊气候因素等不利条件下的道路路基。特殊路基有可能因自然平衡条件被打破（或者边坡过陡，或者地质承载力过低）而出现各种各样的问题，因此，除要按一般路基标准、要求进行设计施工外，还要针对特殊问题进行研究，采取相应的处理措施。

(1) 特殊路基根据土质、地质、地形、气候因素可分为以下类型：

①湿黏土路基、软土地区路基、红黏土地区路基、膨胀土地区路基、黄土地区路基、盐渍土地区路基、风积沙及沙漠地区路基。

②季节性冻土地区路基、多年冻土地区路基、涎流冰地区路基、雪害地区路基。

③滑坡地段路基、崩塌与岩堆地段路基、泥石流地区路基。

④岩溶地区路基、采空区路基。

⑤沿河（沿溪）地区路基、水库地区路基、滨海地区路基。

(2) 特殊路基施工应根据其特点和具体情况以及必要的基础试验资料，进行经济、技术综合考虑，因地制宜地制订施工方案，编制专项施工组织设计，批准后实施。

(3) 特殊地区路基一般要注意以下四个环节：

①对地质资料、土工试验的详细检查，对设计图和实践经验的调查研究。

②室内试验和现场试验，特别是重要工程。

③精细施工并注意现场的监测和数据的搜集。

④反复分析，验证设计，监测工程安全。

1.4.1 软土地区路基施工

软土一般是指天然含水量大、压缩性高、承载力低和抗剪强度很低的呈软塑~流塑状态的黏性土。软土是一类土的总称，并非指某一种特定的土，工程上常将软土细分为软黏性土、淤泥质土、淤泥、泥炭质土和泥炭等。淤泥是在静水和缓慢流水环境中沉积、天然孔隙比大于或等于1.5、含有机质的细粒土。淤泥质土是在静水和缓慢流水环境中沉积、天然孔隙比大于或等于1.0且小于1.5、含有机质的细粒土。泥炭是指喜水植物枯萎后，在缺氧条件下经缓慢分解而形成的泥沼覆盖层，常为内陆湖沼沉积，有机质含量大于或等于60%，大部分尚未完全分解，呈纤维状，孔隙比一般大于10。泥炭质土是指有机质含量大于或等于10%且小于60%，大部分完全分解，有臭味，呈黑泥状的细粒土和腐殖质土。

1. 软土地基的特点

(1) 抗剪的强度比较低。一般在水利施工中的软土会出现软塑~流塑状态，一旦有较大的外部荷载，土质抗剪的性能就会变差。如果在这种土质的上面进行施工，必须要加大轻型薄壁的一种设计形式，降低建筑物的荷载。

(2) 透水性比较低。因为软土地基的含水量比较高，所以其渗透的能力就有所降低，渗透的系数经常会小于1，并且在承受了荷载之后，空隙的水压就会呈现得很高，这样地基压密的固结能力就会受到一定程度的影响。

(3) 土质的空隙比较大，有着很高的含水量。一般在淤泥土质中，会呈现出较大的含水量，并且普遍在50%到70%间，相比较来说，在国内的一些软土之中，其空隙的比率普遍在1到2间，通常会大于液限很多。对水利施工中的一些软土来说，特别是海中沉积的一些软质黏土，在结构没有破坏的情况之下，就有着一定抗剪的强度，但是一旦被搅动，抗剪的强度就会降低很多。这种特征普遍是经灵敏度这个指标来表示的。在普通情况之下，一般软土灵敏度是在3到4间，但是在一些特殊的情况之下，灵敏度可能会相应的提升。

软土可按表1-1进行鉴别。当表中部分指标方法无法获取时，可以天然孔隙比和天然含水率这两项指标为基础，采用综合分析的进行鉴别。

表1-1 软土鉴别指标表

特征指标名称	天然含水率（%）	天然孔隙比	快剪内摩擦角（°）	十字板抗剪强度 /kPa	静力触探锥尖阻力 /MPa	压缩系数 $a_{0.1\sim0.2}$ /MPa^{-1}
黏质土、有机质土	≥35	≥液限	≥1.0	宜小于5	宜小于35	宜小于0.75	宜大于0.5
粉质土	≥30	≥液限	≥0.9	宜小于8			宜大于0.3

2. 软土地基处理施工技术

在公路工程中经常会遇到软土路基，当路基经稳定性验算或沉降计算不能满足设计要求时，必须对软土地基进行加固，加固的方法很多，现就公路中常用的方法予以介绍：

(1) 表层处理法。

①表层排水法。这种方法是在路基填筑前，在地面开挖水沟，以排除地表水，同时降低地基表层的含水量，确保施工机械的作业条件，为了使开挖水沟在施工中发挥盲沟作用，常用透水性良好的砂砾回填。

②砂垫层法。排水砂垫层是在路堤底部地面上铺设一层砂层，作用是在软土顶面增加一个排水面，在填土的过程中，荷载逐渐增加，促使软土地基排水固结，渗出的水就可以从砂垫层中排走。

排水砂垫层如图1-25所示。

(2) 换土法。

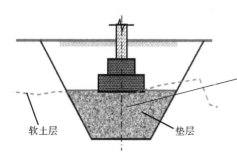

图1-25 排水砂垫层

①开挖换填。在一定范围内把软土挖除，用无侵蚀作用的低压缩性散体材料换置，分层夯实，有全面开挖和局部开挖两种，开挖换填的深度一般在3m以内，边坡一般为1:1左右，为防止边坡塌落，应随时开挖随时填料。开挖换填所用填料一般有灰土、砂卵石、碎石及工业废渣。开挖换填如图1-26所示。

图1-26 开挖换填

②抛石挤淤。抛石挤淤主要适用于常年积水的洼地，排水困难，泥炭呈流动状态，厚度较薄，表层无硬壳，片石能沉达底部的泥沼或厚度为3~4m的软土。抛石挤淤如图1-27所示。

图1-27 抛石挤淤

(3)排水固结法。排水固结法是在天然软土地基表层设置砂垫层等水平向排水体,在地基中设置砂井等竖向排水体,然后加载预压,使土体的孔隙水排出,逐渐固结,地基发生沉降,同时强度逐步提高的方法。真空预压排水固结法如图1-28所示。

真空预压排水固结法：通过覆盖于地面的密封膜下抽真空,使膜内外形成气压差,使黏土层产生固结压力

图1-28　真空预压排水固结法

堆载预压排水固结法如图1-29所示。

堆载预压排水固结法：在布设完的排水通道的地基上分层施加堆载材料,进行正向施加荷载,使地基土体产生沉降固结

图1-29　堆载预压排水固结法

1.4.2　膨胀土地区路基施工

膨胀土是指黏粒成分主要由强亲水性矿物组成,具有显著湿胀干缩和反复湿胀干缩性质的特殊黏性土。膨胀土对工程建筑的危害几乎是无所不在的,而且变形破坏具有多次反复性。在膨胀土地区,公路路面常大段出现很大幅度的随季节变化的波浪变形。

膨胀土的特点

(1)膨胀土的分类。

①按其成因分类。可分为三类：湖相沉积、河流沉积、碳酸盐岩沉积。

②按其工程地质分类。可分为三类：强膨胀土、中等膨胀土、弱膨胀土。

（2）膨胀土的工程特性。胀缩性：膨胀土吸水后体积膨胀，使其上建筑物隆起，如膨胀受阻即产生膨胀力；失水体积收缩，造成土体开裂，并使其上建筑物下沉。

多裂隙性：膨胀土中的裂隙，主要可分为垂直裂隙、水平裂隙与斜交裂隙三种类型。这些裂隙将土体层层分割成具有一定几何形态的块体，如棱块状、短柱状等，破坏了土体的完整性。

超固结性：膨胀土大多具有超固结性，天然孔隙比较小，干密度较大，初始结构强度较高。超固结膨胀土路基开挖后，将产生土体超固结应力释放，边坡与路基出现卸荷膨胀，并常在坡脚形成应力集中区和较大塑性区，使边坡遭到破坏。

风化特性：膨胀土受气候因素影响，极易产生风化破坏作用，路基开挖后，土体在风化营力作用下，很快会产生碎裂、剥落和泥化等现象，使土体结构破坏，强度降低。

强度衰减性：膨胀土的抗剪强度为典型的变动强度，具有峰值强度极高，残余强度极低的特性。由于膨胀土的超固结性，其初期强度极高，一般现场开挖都很困难。

1.4.3　湿陷性黄土地区路基施工

1. 湿陷性黄土地基特点

湿陷性黄土是一种特殊性质的土，其土质较均匀、结构疏松、孔隙发育。在未受水浸湿时，一般强度较高，压缩性较小。当在一定压力下受水浸湿，土结构会迅速破坏，产生较大附加下沉，强度迅速降低。故在湿陷性黄土场地上进行建设，应根据建筑物的重要性、地基受水浸湿可能性的大小和在使用期间对不均匀沉降限制的严格程度，采取以地基处理为主的综合措施，防止地基湿陷对建筑产生危害。

2. 湿陷性黄土地基处理施工技术

湿陷性黄土地区常用的路基处理方法有：土或灰土垫层、土桩或灰土桩、强夯法、重锤夯实法、桩基础、预浸水法等。各类地基的处理方法都应因地制宜，通过技术比较后合理选用。

（1）强夯法。强夯法如图1-30所示。

（2）垫层法。土（或灰土）垫层是一种浅层处理湿陷性黄土地基的传统方法，

图1-30　强夯法

在湿陷性黄土地区使用较广泛,具有因地制宜,就地取材和施工简便等特点。垫层法如图1-31所示。

图1-31　垫层法

(3)挤密法。挤密法是利用沉管、爆破、冲击、夯扩等方法在湿陷性黄土地基中挤密填料孔再用素土、灰土、必要时采用高强度水泥土、分层回填夯实以加固湿陷性黄土地基,提高其强度,减少其湿陷性和压缩性。挤密法适用于对地下水位以上,饱和度$S_r \leqslant 65\%$的湿陷性黄土地基进行加固处理,可处理的湿陷性黄土厚度一般为5~15m。挤密法如图1-32所示。

(4)预浸水法。预浸水法是利用黄土浸水产生湿陷的特点,在施工前进行大面积浸水,使土体产生自重湿陷,达到消除深层黄土湿陷的目的,再配合上部土层处理措施,消除全部土层湿陷性的一种处理方法。该方法具有施工条件简单、处理效果好的优点。

根据地形条件布置开挖浸水坑,浸水坑挖成之后,用钻机在坑内打砂井,成井

图 1-32 挤密法

后及时用粗砂和碎石灌填,最后在坑内连续放水浸泡。

(5) 深层搅拌桩法。深层搅拌桩是复合地基的一种,近几年在黄土地区应用比较广泛,可用于处理含水量较高的湿陷性弱的黄土。它具有施工简便、快捷、无振动,基本不挤土,低噪音等特点。深层搅拌桩的固化材料有石灰、水泥等,一般都采用后者作固化材料。其加固机理是将水泥掺入黏土后,与黏土中的水分发生水解和水化反应,进而与具有一定活性的黏土颗粒反应生成不溶于水的稳定的结晶化合物,这些新生成的化合物在水中或空气中发生凝硬反应,使水泥有一定的强度,使地基土达到承载的要求。

1.4.4 滑坡地段路基施工

1. 滑坡地段路基特点

滑坡是斜坡的岩土沿着某一破坏面(或软弱面)整体向下滑动的现象,是山区常见的一种不良物理地质现象。山区铁路、公路及其他工程的兴建,需要开山动土,经常会遇到滑坡危害。它和地震、山崩、泥石流等自然灾害一样,可使交通中断、河流堵塞、厂矿摧毁、村镇掩埋,造成人民生命财产的重大损失。滑坡地区选线应尽可能绕避滑坡,特别应绕避巨型滑坡地段。当线路通过稳定的古滑坡时,不宜在滑坡舌部位做大量挖方工程及其他改变滑坡体稳定性的工程项目,以防古滑坡复活。滑坡地段路基应根据滑坡的类型、规模、滑坡体岩土性质、水文地质条件、滑坡形成与发展条件,分析其对工程的危害程度,及时采取有效整治措施,保证路基稳定及施工、运营安全。

滑坡示意图与实物对照图如图 1-33 所示。

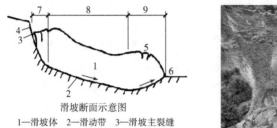

滑坡断面示意图
1—滑坡体　2—滑动带　3—滑坡主裂缝
4—滑坡壁　5—鼓张裂缝　6—滑坡舌
7—牵引段　8—主滑段　9—搞滑段

图1-33　滑坡示意图与实物对照图

滑坡地段的特点有：

（1）滑带土体软弱，易吸水不易排水，呈软塑状，力学指标低。

（2）滑带的形状在匀质土中多近似于圆弧形，在非匀质土中为折线形。

（3）水多是滑坡发展的主要原因，地层岩性是产生滑坡的物质基础，滑坡多是沿着各种软弱结构面发生的，自然因素和人为因素引起的斜坡应力状态的改变（爆破、机械振动等）均有可能诱发滑坡。

2. 滑坡地段地基处理施工技术

滑坡防治的工程措施主要有排水、力学平衡和改变滑带土。

（1）滑坡排水。地下水活动是诱发滑坡产生的主要外因，不论采用何种方法处理滑坡，都必须做好地表水及地下水的处理，排除降水及地下水的主要方法如下：

①环形截水沟。施工技术规范规定：对于滑坡顶面的地表水，应采用截水沟等措施处理，不让地表水流入滑动面内，必须在滑动面以外修筑1～2条环形截水沟。环形截水沟示意图与实物图如图1-34所示。

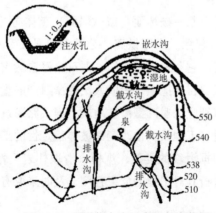

图1-34　环形截水沟示意图与实物图

图 1-34　环形截水沟示意图与实物图（续）

②树枝状排水沟。树枝状排水沟的主要作用是排除滑体坡面上的径流。在设置树枝状排水沟时，应结合地形条件，充分利用坡面上的自然沟系，汇集并旁引坡面径流排出滑体外，若以自然沟渠作为排除地表水的渠道时，必须对其进行必要的修整、加固和铺砌，使水流通畅，不渗漏。

树枝状排水沟示意图与实物图如图 1-35 所示。

图 1-35　树枝状排水沟示意图与实物图

③整平夯实滑坡体表面的土层，为防止地表水渗入滑体坡面造成高低不平，不利于地表水的排除，易于积水，应将坡面做适当整平。整平夯实滑坡体表面的土层示意图如图 1-36 所示。

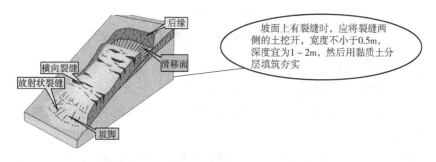

图 1-36　整平夯实滑坡体表面的土层示意图

④排除地下水。排除地下水的方法较多，有支撑渗沟、边坡沟、暗沟、平孔

等。排除地下水相关示意图如图 1-37 所示。

（2）力学平衡。在滑坡体未处治之前，禁止在滑坡体上增加荷载（如停放机械、堆放材料、弃土等）。

当挖方路基上边坡发生的滑坡不大时，可采用刷方（台阶）减重、打桩或修建挡土墙进行处理以达到路基边

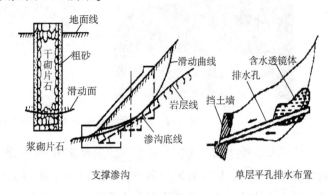

图 1-37　排除地下水相关示意图

坡稳定。牵引式滑坡、具有膨胀性质的滑坡不宜用滑坡减重法治理。牵引式滑坡多发生于黏土和堆积层滑坡中。刷方（台阶）减重、打桩与挡土墙示意图如图 1-38 所示。

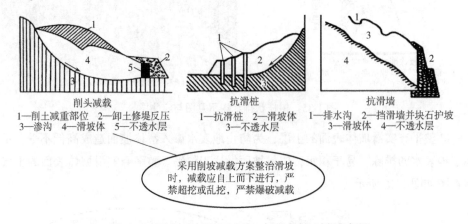

图 1-38　刷方（台阶）减重、打桩与挡土墙示意图

（3）改变滑带土。

一般有焙烧法、电渗排水法和爆破灌浆法等。

①焙烧法：利用导洞焙烧滑坡脚部的滑带，使之形成地下"挡墙"而稳定滑坡的一种措施。

②电渗排水法：利用电场作用而把地下水排除，达到稳定滑坡的一种方法。

③爆破灌浆法：用炸药爆破破坏滑动面，随之把浆液灌入滑带中以置换滑带水并固结滑带土，从而达到使滑坡稳定的一种治理方法。

（4）滑坡地段路基的施工技术要点。

①滑坡地段施工前，应制订应对滑坡或边坡危害的安全预案，在施工过程中应进行监测。

②滑坡整治宜在旱季施工。在冬期施工时，应了解当地气候、水文等情况，严格按照冬期施工的有关规定实施。

③路基施工应注意对滑坡内其他工程和设施的保护。在滑坡区内有河流时，应尽量避免因滑坡工程的施工使河流改道或压缩河道。

④滑坡整治，应及时采取技术措施封闭滑坡体上的裂隙，应在滑坡边缘一定距离外的稳定地层上，按设计要求并结合实际情况修筑一条或数条环形截水沟，截水沟应有防渗措施。

⑤施工时应采取措施截断流向滑坡体的地表水、地下水及临时用水。

⑥滑坡体未处理之前，严禁在滑坡体上增加荷载，严禁在滑坡前缘减载。

⑦滑坡整治完成后，应及时恢复植被。

⑧采用削坡减载方案整治滑坡时，减载应自上而下进行，严禁超挖或乱挖，严禁爆破减载。

⑨采用加填压脚方案整治滑坡时，只能在抗滑段加重反压，并且做好地下排水，不得因为加填压脚土而堵塞原有地下水出口。

⑩采用不同类型抗滑支挡结构整治措施时，应有合理的施工方法和施工程序。在上一道工序未达到设计要求之前，不得进行下一道工序。

1.5 路基支挡与防护

1.5.1 坡面防护

1. 基础知识

坡面防护是指为了避免暴露于大气中受到水、温度、风等自然因素反复作用的路堤和路堑边坡坡面出现剥落、碎落、冲刷或表层土溜坍等破坏而对坡面加以防护的措施。

常用的坡面防护方式有植物防护（种草、铺草皮、植树等）和工程防护（抹面、喷浆、勾缝、砌石、护面墙等）。前者可视为有"生命"防护，后者可视为无机物防护。有"生命"防护以土质边坡为主，无机物防护以石质路堑边坡为主。在一定程度上，有"生命"防护在边坡稳定和改善路容方面，优于无机物防护。

2. 植草防护

(1) 种草防护。种草适用于边坡稳定、坡面冲刷轻微的路堤或路堑边坡。一般要求边坡坡度不陡于1∶1，边坡地面水径流速度不超过0.6m/s。长期浸水的边坡不宜采用。采用种草防护时，对草籽的选择应注意当地的土壤和气候条件，通常应以容易生长、根部发达、叶茎低矮或有匍匐茎的多年生草种为宜。最好采用几种草籽混合播种，使之生成一个良好的覆盖层。播种的坡面应平整、密实、湿润。边坡种草如图1-39所示。

图1-39　边坡种草

(2) 铺草皮。铺草皮适用于需要快速绿化的土质边坡。铺草皮适用于各种土质边坡。特别是当坡面冲刷比较严重，边坡较陡，径流速度大于0.6m/s而又需要快速绿化时，采用铺草皮防护比较适宜。草皮应选择根系发达、茎矮叶茂、耐旱草种，不宜选用喜水草种。铺草皮的方式有平铺（平行于坡面）、水平叠置、垂直坡面或与坡面成一半坡角的倾斜叠置，以及采用片石铺砌成方格或拱式边框、方格框内铺草皮等。铺草皮如图1-40所示。

图1-40　铺草皮

(3) 植树、植灌木。植树适用于各种土质边坡和风化极严重的岩石边坡，边坡坡度不陡于1:1.5。在路基边坡和漫水河滩上植树，对于加固路基与防护河岸可收到良好的效果。其可以降低水流速度，种在河滩上可促使泥沙淤积，防止水流直接冲刷路堤。在风沙和积雪地面，林带可以防沙防雪，保护路基不受侵蚀。此外还可以美化路容，调节气候，改善高等级道路的美学效果。植树、植灌木如图1-41所示。

图1-41　植树、植灌木

3. 工程防护

当不宜使用植物防护或考虑就地取材时，采用砂石、水泥、石灰等矿物材料进行坡面防护是常用的防护形式。主要有砂浆抹面、喷浆、勾缝或喷涂以及石砌护坡或护面墙等。这些形式各自适合于一定条件。

（1）抹面防护。抹面防护适于石质挖方坡面，岩石表面易风化，但比较完整，尚未剥落，如页岩、泥沙岩、千枚岩的新坡面。对此应及时予以抹面，以预防风化成害。抹面作业前，应对被处置的边坡加以清理，去掉风化层、浮土、松动石块并填坑补洞，洒水湿润，以利牢固耐久。抹面防护如图1-42所示。

图1-42　抹面防护

(2) 喷浆及喷射混凝土。喷浆及喷射混凝土适用于易风化但尚未严重风化的岩石边坡,且坡面较干燥。对高而陡的边坡、上部岩层较破碎而下部岩层完整的边坡和需大面积防护的边坡,采用此种方法较为适宜。对成岩作用差的黏土岩边坡不宜采用。喷浆厚度一般为 5~10cm,喷射混凝土厚度以 8cm 为宜,分 2~3 次喷射。喷射混凝土如图 1-43 所示。

图 1-43 喷射混凝土

挂网喷护:在清挖出密实、稳定的新鲜坡面上钻孔、安装锚杆、灌浆,然后挂上钢丝网或纤维网,最后用高压泵喷射混凝土形成防护层

(3) 砌石防护。砌石防护有干砌和浆砌两种,可用于土质或风化岩质路堑或土质路堤边坡的坡面防护,也可用于浸水路堤及排水沟渠作为冲刷防护。易遭受雨、雪、水流冲刷的较缓土质边坡,风化较重的软质岩石坡,受水流冲刷较轻的河岸和路基,均可采用干砌片石防护。浆砌石防护如图 1-44 所示。

图 1-44 浆砌石防护

先在片石下面设置0.1~0.5m 厚的碎(砾)石或砂砾混合物垫层,以起到整平、反滤的作用;然后由下而上平整铺砌片石,要错缝嵌紧,并用砂浆勾缝,以防渗水

(4) 护面墙。护面墙指为覆盖各种软质岩层和较破碎岩石的挖方边坡,以免其受自然因素影响,防止雨水渗入而修的墙。护面墙应紧贴边坡坡面修建,只承受自重,不承受墙背土侧压力。护面墙如图 1-45 所示。

图 1-45 护面墙

1.5.2 沿河路基防护

沿河路基防护分为直接防护和间接防护。直接防护有砌石护坡、抛石与石笼防护。间接防护有丁坝、顺坝、格坝。

1. 直接防护

（1）植物防护。适用于经常浸水或水深较大的路基边坡、坡脚或挡土墙基础的防护，多用于抢修工程。

（2）抛石或石笼。适用于受水流冲刷的路基边坡、坡脚或挡土墙基础的防护。钢丝石笼多用于抢修或临时工程，不能用于急流或滚石河段，必要时可以对钢丝笼灌注小石子混凝土。钢筋混凝土框架石笼可以用于急流和滚石河段。石笼如图 1-46 所示。

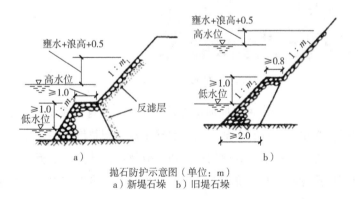

抛石防护示意图（单位：m）
a）新堤石垛 b）旧堤石垛

图 1-46 石笼

铺设网箱时，应自下而上进行，底边要与护坡基础严密靠拢，网片连接采用缝制式连接，上下网片要用连接线进行固定

图1-46　石笼（续）

（3）砌石或混凝土护坡。浆砌石护坡如图1-44所示。

2. 间接防护

（1）丁坝。丁坝是坝根与河岸联接，坝头伸向河心，坝轴线与水流方向正交或斜交，在平面上与河岸构成丁字形，横向阻水的建筑物。丁坝一般由坝头、坝身和坝根三个部分组成。丁坝是广泛使用的河道整治和维护建筑物，其主要功能为保护河岸不受来流直接冲蚀而产生冲刷破坏，同时它也在改善航道、维护河相以及保护水生态多样化方面发挥着作用。丁坝如图1-47所示。

丁坝的端与堤岸相接呈"T"字形

图1-47　丁坝

（2）顺坝。顺坝是指一种纵向河道整治建筑物。坝身一般较长，与水流方向大致平行或有很小交角。它具有束窄河槽、引导水流、调整岸线的作用，因此又称作导流坝。顺坝常常布设在水流分散的过渡段，分汊河段的分、汇流区，急弯和凹岸尾部，以及河口治理段。对于堤前滩地较窄的堤防，可设置与堤岸线基本平行的顺坝。顺坝如图1-48所示。

（3）改移河道。适用于流水冲刷严重、防护工程艰巨、路线多次跨越弯曲河道时。对于主河槽改动频繁的变迁性河流或支流较多的河段不宜采用。

顺坝走向与整治线大体一致，按需要做成直接或平缓曲线，坝头伸入或接近下深槽，并保持水流平顺

图 1-48　顺坝

1.5.3　支挡构筑物

路基支挡构筑物是指可使路基基本体及周围土体稳定而修建的建筑物，用来平衡路基及路基面以上荷载形成的土压力。路基支挡构筑物中最常用的是挡土墙，有重力型和轻型两类挡土墙，其中轻型挡土墙又分为加筋土挡土墙和锚杆挡土墙。

1. 重力型挡土墙

（1）基础知识。重力型挡土墙是利用挡土墙的自重和地基反力来支挡土体，一般采用浆砌片石、混凝土和砖等圬工材料建造。

（2）主要类型

1）仰斜式：墙背承受的土压力较小，适用于路堑墙和墙趾处地面平坦的路肩墙或路堤墙。如图 1-49a）所示。

2）垂直式：介于仰斜和俯斜之间。如图 1-49b）所示。

3）俯斜式：墙背承受的土压力较大，适用于地面横坡陡峻时，墙背可采用折线形，以加强墙背与填土的摩擦力。如图 1-49c）所示。

（3）施工工序。基槽开挖——→支力模板——→混凝土灌注——→墙顶封闭。

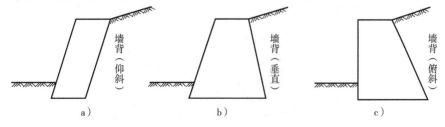

图 1-49　重力型挡土墙示意图

2. 加筋土挡土墙

(1) 基础知识。加筋土挡土墙是由墙面板、拉筋和填料三部分共同组成的复合结构。依靠填料与拉筋之间的摩擦力作用平衡墙板所承受的土压力，并以此复合结构整体抵抗拉筋末端以外填土所产生的土压力，从而保证整个结构的稳定。加筋土挡土墙示意图如图1-50所示。

(2) 受力特点。利用拉筋与土之间的摩擦作用，改善土体的变形条件，提高土体的工程特性，从而达到稳定土体的目的。

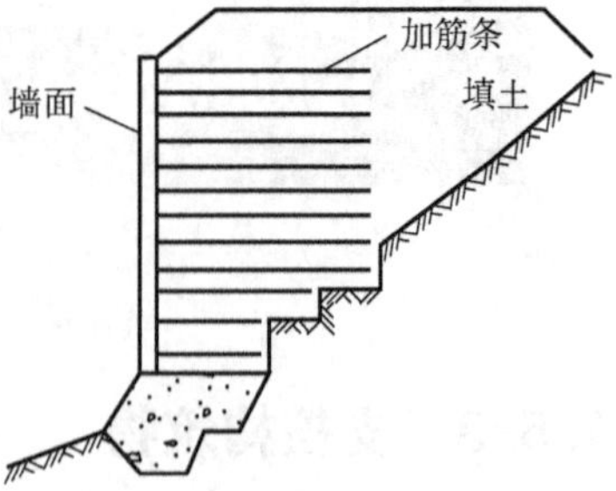

(3) 优点。施工简便、快速、节省劳动力、节约占地、缩短工期、造价低、具有良好的抗震性能。

(4) 施工工序。基槽（坑）开挖——地基处理——排水设施——基础浇（砌）筑——构件预制与安装——筋带铺设——填料填筑与压实——墙顶封闭，其中现场墙面板拼装、筋带铺设、填料填筑与压实等工序是交叉进行的。

图1-50 加筋土挡土墙示意图

(5) 施工要求。加筋土挡墙结构示意图如图1-51所示。

①安装直立式墙面板应按不同填料和拉筋预设仰斜坡，仰斜坡一般为1:0.02~1:0.05，墙面不得前倾。

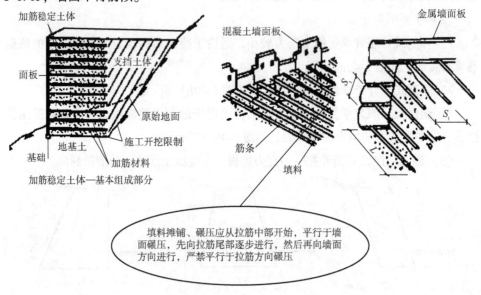

图1-51 加筋土挡墙结构示意图

②拉筋应有粗糙面,并按设计要求呈水平铺设,当局部与填土贴合不紧密时应铺砂垫平。

③墙背拉筋锚固段填料宜采用粗粒土或改性土等填料。

④填土分层厚度及碾压遍数,应根据拉筋间距、碾压机具和密实度要求,通过试验确定,严禁使用羊足碾碾压。靠近墙面板1m范围内,应使用小型机具夯实或人工夯实,不得使用重型压实机械压实。

3. 锚杆挡土墙

(1) 基础知识。锚杆挡土墙是由钢筋混凝土墙面(挡土板)、肋柱和锚杆组成。它依据锚固在稳定地层内锚杆所提供的抗拔力保持挡土墙的稳定,主要用于较完整岩体地段。锚杆挡土墙由于锚固地层、施工方法、受力状态以及结构形式等的不同,有多种形式,按墙面的结构形式可分为柱板式锚杆挡土墙和壁板式锚杆挡土墙。锚杆挡土墙如图1-52所示。

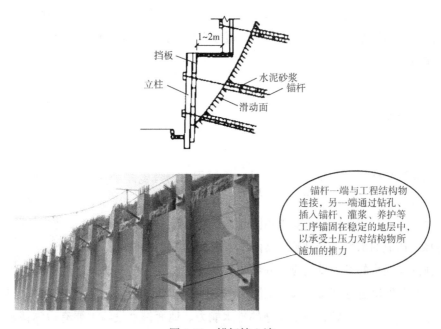

图1-52 锚杆挡土墙

(2) 受力特点。依靠锚杆与地层之间的锚固力平衡土的侧压力来保持受力平衡。

(3) 优点。结构自重轻,节约投资;装配化施工,劳动生产率高;基坑开挖量少,可以克服不良地基开挖带来的困难,有利于施工安全,适用于岩石路堑或其他具有锚固条件的路堑,也可用于陡坡路堤。

(4) 施工工序。基槽开挖——基础浇筑——锚杆制作——钻孔——锚杆安装——注浆——肋柱和挡土板预制及安装——墙后填料填筑与压实。

(5) 施工要求。

①锚杆应按设计尺寸下料、调直、除污、加工。

②按照设计要求,在施工前应作锚杆抗拔力验证试验。

③根据设计孔径及岩土性质合理选择钻孔机具。钻孔后应将孔内粉尘、石渣清理干净。

④锚杆应安装在孔位中心,锚杆未端插入岩层的部分必须按设计要求作防锈处理。

⑤宜先插入锚杆然后灌浆,灌浆应采用孔底注浆法,灌浆管应插至距孔底50~100mm,并随水泥砂浆的注入逐渐拔出,灌浆压强宜不小于0.2MPa。

⑥砂浆锚杆安装后,不得敲击、摇动。普通砂浆锚杆在3d内,早强砂浆锚杆在12h内,不得在杆体上悬挂重物,必须待砂浆达到设计强度的75%后方可安装肋柱、墙板。

1.6 排水施工

水是影响路基强度和稳定性的另一重要因素,许多路基病害是由水侵蚀造成的。另外,从保护环境、不损害当地农田水利设施考虑,也必须做好路基排水,形成排水系统,并与地区排水规划相协调。在路基施工中,应重视施工排水,防止因各种原因造成的水患,给路基、路面施工造成不必要的损失。

排除地面水的各种设施应充分考虑多方面进入路基范围的水,包括因降雨、降雪以及从公路附近地区流向道路范围的水流,还包括路堑边坡排水和农田横跨道路的排水工程,由此来确定排水设施的排水能力。地面排水设施主要有边沟截水沟、排水沟、跌水、急流槽、蒸发池、拦水带、渡槽、倒虹吸等。

1.6.1 边沟的设置与施工

1. 边沟的设置

边沟设置在挖方路基的路肩外侧或低路堤路基的坡脚外侧,多与路中线平行,用以汇集和排除路基范围内和流向路基的少量地面水的沟槽称为边沟。挖方地段和填土高度小于边沟深度的填方地段均应设置边沟，一般土质边沟宜采用梯形，矮路堤或机械化施工时可采用三角形，在场地宽度受到限制时，可用石砌矩形。石质路堑边沟可做成矩形，积雪、积砂路段宜做成流线形。边沟如图 1-53 所示。

图 1-53　边沟

2. 边沟施工

（1）施工工艺流程。施工放样——基坑开挖——沟体砌筑——养护——伸缩缝处理。

（2）基槽开挖。放好边沟沟底沟沿边线，并用白灰在地上画出，利用人工挖掘、人工修整至设计尺寸，不能扰动沟底及坡面原土层，不允许超挖。

基槽开挖除检查平面几何尺寸外，还要对表层松散、低洼、软基进行彻底处理，并人工夯实，达到平整度，然后请监理工程师检验合格后方可进行片石砌筑施工。基槽开挖如图 1-54 所示。

开挖出横断面形式为矩形的边沟

图 1-54　基槽开挖

(3) 片石砌筑如图1-55所示。

①沟槽检验合格后，先用木桩每10m一处钉好砌石位置，挂好横断面线及纵断面线，即可按线砌筑。

②一律采用座浆（挤浆）法施工，严禁使用灌浆法，做到无空隙、无瞎缝、无通缝。

③石块大面朝下，采用两顺一丁形式，保证墙体整体性和稳定性良好。

④伸缩缝（沉降缝）位置按设计图要求设置，施工中保证沉降缝宽2cm，垂直度好，无倾斜扭曲现象，沉降缝的填塞随砌筑高度按设计要求同步进行。

⑤砌筑过程中，随砌筑高度每15cm进行一次回填作业，回填料选用砂砾石或碎石土，采用小型夯实机进行分层夯实或碾压，其压实度达到96%。

⑥勾缝一律采用凹缝，勾缝采用的砂浆强度为M10，砌体勾缝嵌入砌缝20mm深，缝槽深度不足时应凿够深度后再勾缝。每砌好一段，待浆砌砂浆初凝后，用湿草帘覆盖定时洒水养护，覆盖养护7~14d。养护期间避免外力碰撞、振动或承重。

浆砌片石边沟采用石块堆砌而成，在边坡的稳定性及水土保持方面有很好的效果

图1-55 片石砌筑

1.6.2 截水沟的设置与施工

1. 截水沟的设置

截水沟又称天沟，是设置在挖方路基边坡坡顶以外或山坡路堤的上方，垂直于水流方向，用以截引路基上方流向路基的地面径流的排水设施。截水沟可以防止地表径流冲刷和侵蚀挖方边坡及路堤坡脚，并减轻边沟的泄水负担。

截水沟的断面形状，一般多为梯形，底宽不应小于0.5m，深度应根据拦截的水流量确定，不宜小于0.5m，边坡坡度视土质而定，一般土质可取1:1~1:1.5。

2. 截水沟施工

（1）施工工艺流程。施工准备——测量放线——截水沟开挖、基底清理——基底夯实——盘角、挂线、砌筑——砂浆勾缝抹面——成品养护。

（2）测量组根据施工设计图设计位置、设计规范、技术交底结合现场地形放出截水沟的砌筑位置、长度和开挖轮廓线。

完成的截水沟如图1-56所示。

图1-56　完成的截水沟

（截水沟基槽开挖后基底务必清理干净，确保基底无松土、淤泥、杂质，并对沟底松软的部分进行夯实）

（3）浆砌片石施工。

挤浆法分层砌筑如图1-57所示。

图1-57　挤浆法分层砌筑

（截水沟采用挤浆法分层砌筑，每分层高度10~15cm，分层与分层间的砌筑砌缝应大致找平）

1.6.3　排水沟的设置与施工

1. 排水沟的设置

排水沟的主要用途在于引水，将路基范围内的各种水流，引至桥涵或路基范围以外的指定地点。排水沟一般布设在坡面截水沟的两端或较低一端，用以排除截水沟不能容纳的地表径流。排水沟的终端连接蓄水池或天然排水道。

2. 排水沟施工

(1) 施工工艺流程。场地清理——测量放样——机械开挖——土石方运输——边坡及路基修整——基坑成型。

(2) 排水沟施工要求。

①排水沟的线形要求平顺,尽可能采用直线形,转弯处宜做成弧形,其半径不宜小于10m。排水沟长度根据实际需要而定,通常不宜超过500m。

②排水沟沿路线布设时,应离路基尽可能远一些,距路基坡脚不宜小于3～4m。

③当排水沟、截水沟、边沟因纵坡过大导致水流速度大于沟底、沟壁土的容许冲刷流速时,应采用边沟表面加固措施。

图 1-58 加固后的排水沟

加固后的排水沟如图 1-58 所示。

1.6.4 跌水与急流槽

水流通过坡度大于 10%,水头高差大于 1.0m 的陡坡地段,或特殊陡坎地段时,宜设置跌水或急流槽。

1. 跌水

设置位置:排水沟渠连接处或较长陡坡地段的沟渠。

功能:减缓水流速度或改变水流方向,并予以消能。

设计要点:单级跌水适用于排水沟渠连接处;多级跌水适用于较长陡坡地段的沟渠。

跌水的基本构造可分为进水口、消力池和出水口三个组成部分。跌水两端的土质沟渠应注意加固,保持水流畅通,不应产生水流冲刷或淤积。

跌水构造示意图如图 1-59 所示。

2. 急流槽

设置位置:适用于水位落差较大的排水沟渠连接部位或出水口等处。

功能:减缓水流速度并予以消能。

设计要点:急流槽主体部分的纵坡依地形而定,一般可达 1:1.5 以上。急流槽

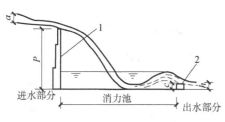

图 1-59 跌水构造示意图

1—护墙 2—消力槛

多用砌石（抹面）和水泥混凝土结构，或利用岩石坡面挖槽。

急流槽由进口、主槽（槽身）和出口三部分组成。急流槽构造示意图如图 1-60 所示。

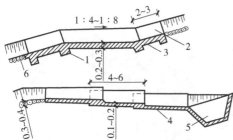

图 1-60 急流槽构造示意图（单位：m）

1—耳墙 2—消力池 3—混凝土槽底 4—钢筋混凝土槽底 5—横向沟渠 6—砌石护底

1.6.5 渡槽与倒虹吸

当水流需要横跨路基，同时受到设计标高的限制，可以采用管道或沟槽，从路基底部或上部架空跨越，前者称为倒虹吸，后者为渡槽。

1. 渡槽

渡槽架设要求：满足道路对净空和美化要求；结构上具有足够强度；效能上适合排水要求。

渡槽构造：进出水口、槽身和下部支承。渡槽构造示意图如图 1-61 所示。

2. 倒虹吸

倒虹吸设置条件：路基横跨原有沟渠，且沟渠水位高于路基设计标高，不能按

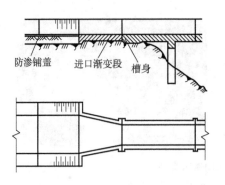

图 1-61　渡槽构造示意图

正常条件设置涵洞。

倒虹吸构造：管道两端设竖井，井底标高低于管道，起沉淀泥沙和杂物作用，进口处设置沉沙池和拦泥栅。倒虹吸构造示意图如图 1-62 所示。

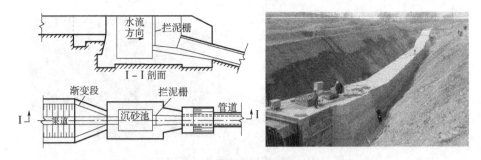

图 1-62　倒虹吸构造示意图

1.6.6　路基常用的地下排水设施

路基常用的地下排水设施有盲沟、渗沟和渗井等，其特点是排水量不大，主要是以渗流方式汇集水流，并就近排出路基范围以外。对于流量较大的地下水，应设置专用地下管道予以排除。

1. 暗沟（盲沟）

（1）构造原理。沟内分层填以大小不同的颗粒材料，利用渗水材料透水性将地下水汇集于沟内，并沿沟排泄至指定地点。

（2）盲沟设置及作用。

①一侧边沟下设盲沟，用以拦截流向路基的层间水，防止路基边坡滑坍和毛细水上升危及路基的强度和稳定性。

②两侧边沟下均设盲沟，用以降低地下水位，防止毛细水上升至路基工作区，造成冻胀或翻浆。

③设在路基挖方与填方交界处的横向盲沟，用于拦截和排除路堑下面层间水或小股泉水，保持路堤填土不受水害。

盲沟示意图如图1-63所示。

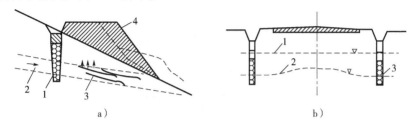

图1-63 盲沟示意图
a）一侧沟下设盲沟 b）二侧沟下设盲沟
1—盲沟 2—层间水 3—毛细水 4—可能滑坡线 1—原地下水位 2—降低后地下水位 3—盲沟

（3）基本构造。横断面成矩形，亦可做成上宽下窄的梯形。盲沟底部中间填以粒径较大的碎石，空隙较大；粗粒碎石两侧和上部，按一定比例分层填以较细粒径的粒料；底部和顶部一般设有30cm以上的不透水层。沟底具有1%~2%的纵坡，出水口底面标高应高出沟外最高水位20cm。

2. 渗沟

（1）功能。采用渗透方式将地下水汇集于沟内，并通过沟底通道将水排至指定地点，它的作用是降低地下水位或拦截地下水，其水力特性是紊流。

（2）设置位置。视地下排水需要而定，大致与简易盲沟相同，但设置尺寸更大，埋置更深。

（3）结构形式。盲沟式：结构形式似盲沟，当排水量大，埋置深2~3m或达6m时，采用洞式或管式。

洞式渗沟：洞宽b约20cm，高约20~30cm；盖板用条石或混凝土预制板，板长约$2b$，板厚不小于15cm，并预留渗水孔；洞身要求埋入不透水层，不然应在底部和两侧加设隔水层。

管式渗沟：水流量更大，排水距离长；管道一般为陶土或混凝土预制管，管壁上部留有渗水孔，渗水孔交错排列。管内径由水力计算而定，一般约为0.4~0.6m，管底设基座。埋于冰冻线以下，必要时采取保温措施。管式渗沟如图1-64所示。

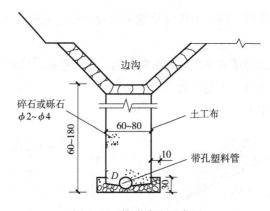

图1-64 管式渗沟示意图

(4) 施工技术。

①边坡渗沟的基底应设置在潮湿土层以下的干燥地层内,阶梯式泄水坡坡度宜为2%~4%,基底应铺砌防渗层。沟壁应设反滤层,其余部分用透水性材料填充。

②在渗沟的迎水面设置粒料反滤层时,粒料反滤层应用颗粒大小均匀的碎石、砾石,分层填筑。

③渗沟基底应埋入不透水层,渗沟沟壁的一侧应设反滤层汇集水流,另一侧用黏土夯实或浆砌片石拦截水流,如渗沟沟底不能埋入不透水层时,两侧沟壁均应设置反滤层。

④渗沟宜从下游向上游开挖。

3. 渗井

(1) 功能。渗井属于水平方向的地下排水设备,当地下存有多层含水层,其中影响路基的上部含水层较薄,排水量不大,且平式渗透难以布置时,采用设置渗井穿过不透水层,将路基范围内的上层地下水引入到更深的含水层中,以降低上层的地下水位或全部予以排除。

(2) 设置。当路基附近的地面水或浅层地下水无法排除,影响路基稳定时,可设置渗井,将地面水或地下水经渗井通过下透水层中的钻孔流入下层透水层中排除。

(3) 基本构造。渗井的平面布置,孔径及渗水量,按水力计算而定,一般为直径1.0~1.5m的圆柱形;井内由中心向四周按层次,分别填入由粗而细的砂石材料,粗粒渗水,细料反滤。当地下水埋藏较深或有固定含水层时,宜采用渗井。

渗井结构示意图如图1-65所示。

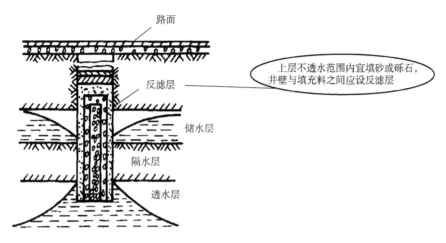

图 1-65 渗井结构示意图

(4) 施工技术。

①填充料含泥量应小于5%，按单一粒径分层填筑，不得将粗细材料混杂填塞，下层透水层范围内宜填碎石或卵石，上层不透水范围内宜填砂或砾石，井壁与填充料之间应设反滤层。

②渗井顶部四周用黏土填筑围护，井顶应加盖封闭。

③渗井开挖应根据土质选用合理的支撑形式，并应随挖随支撑、及时回填。

第2章 路面工程施工技术

2.1 基础知识

路面是指用各种筑路材料铺筑在道路路基上直接承受车辆荷载的层状构造物。质量良好的路面应有足够的强度和良好的稳定性，其表面应达到平整、密实和抗滑的要求。路面结构由面层、基层与垫层组成。

1. 路面各结构层次

路面横断面由行车道、硬路肩、土路肩、路缘石及中央分隔带等组成。路面结构层自上而下可分为面层、基层、垫层，有时在面层下还设有联结层。各结构层次的作用如下：

（1）面层。直接承受行车荷载的垂直力、水平力和冲击力作用，以及大气变化的最不利影响。

（2）基层。主要承受由面层传来的车辆荷载的垂直力，并把它扩散到垫层和土基中去。

（3）垫层。主要作用是改善土基的湿度和温度状况，以保证面层及基层的强度和刚度的稳定性以及不致产生冻胀与翻浆的病害。

2. 路面的分类

（1）柔性路面。刚度较小，抗弯拉强度较低，主要靠抗压、抗剪强度来承受车辆荷载作用的路面；主要包括各种基层（水泥混凝土除外）和各类沥青面层、碎砾石面层、块石面层所组成的路面结构。

（2）刚性路面。主要指水泥混凝土做面层或基层的路面结构，刚性路面与柔性路面的主要区别在于路面的破坏状态和分布荷载到路基上的状态有所不同。

（3）半刚性路面。采用二灰（石灰、粉煤灰）或水泥稳定土或水泥处治沙砾基层，这些基层的特性前期强度较低，但随着时间的推移其强度和刚度不断增大。

这类基层叫作半刚性基层，含有这类基层的路面结构称为半刚性路面。

路面工程包含路面基层（底基层）施工技术，沥青路面施工技术，水泥混凝土路面施工技术，路面防、排水施工技术，特殊沥青混凝土路面施工技术，路面试验检测技术等。

3. 路面基层、底基层施工方法

路面基层施工方法通常有场拌法和路拌法两种基本的类型。高等级公路的半刚性基层一般采用场拌法，而低等级公路半刚性基层可以采用路拌法。

（1）场拌法施工工艺。底基层准备与施工放养——备料——拌和与摊铺——碾压——养生与交通管制。

（2）路拌法施工工艺。底基层准备——施工测量——备料——摊铺——拌和——整形——碾压——养生。

2.2　路面基层、底基层施工技术

2.2.1　级配碎石基层、底基层施工

1. 级配碎、砾石基层

级配碎、砾石基层由各种粗集料按最佳级配原理修筑而成的。级配碎石、砾石是用大小不同的材料按一定比例配合、逐级填充空隙，并借黏土黏结的，经过压实后，能形成充实结构。级配碎石、砾石基层强度是由摩阻力和黏结力构成，具有一定的水稳性和力学强度。

2. 材料要求

粗、细碎石集料和石屑各占一定比例的混合料，当其颗粒组成符合密级配要求时，称级配碎石。级配碎石做基层时，材料应该满足下列要求：

（1）石料应具有足够的强度。

（2）碎、砾石的压碎值，高等级公路不大于30%，一般公路不大于35%。

（3）碎、砾石中的扁平、长条颗粒总含量应不超过20%。

（4）用于基层时，碎、砾石的最大粒径不应超过40mm，用作底基层时，碎、砾石的最大粒径不应超过50mm。

石料如图2-1所示。

3. 施工工艺流程

施工放样──→准备底基层──→材料准备与运输──→拌和及整型──→碾压──→接缝处理。

4. 级配碎、砾石基层施工

级配碎、砾石施工应做到：集料级配满足要求，配料要准确，细料的塑性指数要符合规定，掌握好松铺厚度，路拱横坡符合规定，拌和均匀，避免粗细颗粒离析。

图2-1　石料

（1）施工放样。恢复中线，并在两侧路肩边缘外0.3~0.5m设指示桩，逐个断面进行高程测量，并在指示桩上标记结构层的设计高度。

（2）准备底基层。土基或垫层等底基层的表面应平整、坚实，具有一定的路拱，没有松散材料和软弱地方。底基层的平整度和压实度应满足规范要求。

（3）计算材料用量。根据各路段基层或底基层的宽度、厚度及预定的干密度，计算所需要的各种集料的数量，并推算每车材料的堆放间距。

（4）运输集料。同一料场的路段，运输应由远而近按计算的间距堆放，堆放的时间不宜过长，一般仅提前数天。料堆间每隔一定距离应留缺口用以排水。自卸翻斗车运输集料如图2-2所示。

用自卸翻斗车运输集料，装车时，应控制每车料的数量基本相同

图2-2　自卸翻斗车运输集料

卸料和摊铺如图2-3所示。

（5）拌和及整型。拌和时，稳定土拌和机应拌和2遍以上，且深度应到级配碎石底层，最后一遍拌和前，可先用拌和机贴底面翻拌一遍。结束时，混合料的含水量应均匀，并较最佳含水率大1%左右，且不应出现离析现象。平地机整平如图2-4所示。

图 2-3 卸料和摊铺

卸料和摊铺通常由远而近全断面摊铺，尽量不留纵缝。在摊铺段两侧先培土以控制基层的宽度和厚度

图 2-4 平地机整平

使用平地机整平，在整型中，应禁止车辆通行

（6）碾压。碾压应由两侧路肩向路中心，由曲线内侧向外侧进行碾压，后轮应重叠1/2轮宽，且须超过两段的接缝处。一般需碾压6～8遍，并使表面没有明显轨迹。头两遍的速度宜为1.5～1.7km/h，以后为2.0～2.5km/h。

压路机碾压如图2-5所示。

图 2-5 压路机碾压

整型后，立即用12t以上三轮压路机、振动压路机或轮胎压路机进行碾压

(7) 接缝处理。作业段的衔接处，应搭接拌和。第一段拌和后，应留 5~8m 不进行碾压。第二段施工时，将留下的部分一起加水拌和，整平后一起碾压。

2.2.2 半刚性路面基层、底基层施工

1. 半刚性基层分类

按结合料种类和强度形成机理的不同，半刚性基层分为石灰稳定类基层、水泥稳定类基层及工业废渣稳定类基层三种。

(1) 石灰稳定类基层。在粉碎的土和原状松散的土（包括各种粗、中、细粒土）中掺入适量的石灰和水，按照一定技术要求，经拌和，在最佳含水量下摊铺、压实及养生，其抗压强度符合规定要求的路面基层，即得到石灰稳定类基层。铺筑好的石灰稳定土剖面图如图 2-6 所示。

(2) 水泥稳定类基层。在粉碎的土或原状松散的土（包括各种粗、中、细粒土）中，掺入适当水泥和水，按照技术要求，经拌和摊铺，在最佳含水量时压实及养护成型，其抗压强度符合规定要求，以此修建的路面基层称为水泥稳定类基层。水泥稳定类基层如图 2-7 所示。

图 2-6 铺筑好的石灰稳定土剖面图

图 2-7 水泥稳定碎石基层

(3) 工业废渣稳定类基层。用一定数量的石灰与粉煤灰、水泥与粉煤灰或石灰与煤渣等混合料与其他集料或土配合，在最佳含水量下，经拌和、压实及养生后得到的混合料，其抗压强度符合规定时即得到工业废渣稳定类基层。工业废渣如图 2-8 所示。

图 2-8 工业废渣

2. 材料要求

（1）对集料和土的一般要求是能被经济地粉碎，满足一定级配要求，便于碾压成型，并应满足以下指标要求：液限和塑性指数、颗粒组成、压碎值和硫酸盐及腐殖质要求。

（2）无机结合料。无机结合料见表2-1。

表2-1 无机结合料

材料	要求
水泥	应选用终凝时间6h以上的水泥
石灰	三级以上消石灰或生石灰的要求
粉煤灰	符合主要成分、烧失量、粒径的要求
煤渣	松干密度700~1000kg/m^3，最大粒径小于30mm

3. 施工工艺流程

底基层准备与施工放样──→备料──→拌和、运输与摊铺──→碾压──→养生。

4. 水泥稳定类基层、底基层施工

（1）水泥稳定碎石拌和。水泥稳定碎石拌和如图2-9所示。

图2-9 水泥稳定碎石拌和

拌和后、摊铺前的水泥稳定碎石如图2-10所示。

图2-10 拌和后、摊铺前的水泥稳定碎石

(2) 水泥稳定碎石混合料运输。自卸翻斗车运输水泥稳定碎石混合料如图 2-11 所示。

图 2-11　自卸翻斗车运输水泥稳定碎石混合料

(3) 水泥稳定碎石混合料摊铺。水泥稳定碎石混合料摊铺如图 2-12 所示。

图 2-12　水泥稳定碎石混合料摊铺

(4) 水泥稳定碎石混合料基层碾压。压路机碾压水泥稳定碎石混合料基层如图 2-13 所示。

图 2-13　压路机碾压水泥稳定碎石混合料基层

（5）水泥稳定碎石混合料基层养生。水泥稳定碎石混合料基层养生如图2-14所示。

养生时间不少于7d，这期间禁止车辆通行，每日洒水车洒水养护2~4遍，保持湿润

图2-14 水泥稳定碎石混合料基层养生

2.2.3 施工常见问题

1. 离析

（1）级配不好，大颗粒，开级配容易离析。

（2）拌和料装车和摊铺机收斗方法不对。

（3）摊铺机前挡板离地面太高，粗粒首先滚动接触地面，造成每层底面一定厚度内细集料少。

措施：下降挡板，增加橡胶软挡板。

（4）挡板的边部和两台摊铺机结合部位均易形成粗集料更集中。

措施：人工在摊铺机后面，及时铲除粗集料聚集等离析现象，补以新拌的均匀混合料。

2. 取芯不完整、松散、掉角

（1）离析严重。

（2）压实度达不到要求。

（3）级配不好有空洞。

（4）强度偏低或达不到要求。

3. 开裂

（1）施工后由于水分蒸发开裂是避免不了的，解决办法是争取早铺上一层，可以减少开裂。

（2）含水量越大越容易开裂，要严格控制最佳含水量。

(3) 强度越高越容易开裂，在保证强度的情况下，不应过多增加水泥剂量。

(4) 低温施工易开裂，施工的最低气温应在5℃以上，并在第一次重冰冻到来最少半个月之前停工，并且在冬季上冻前做好覆盖防冻或完成透封层施工。

(5) 细集料比粗集料易开裂，严格控制细粉料，集料级配接近要求级配中值，呈S线形最佳，粉料、粗料走下线，中料走上线。

(6) 做好养护工作。

(7) 实行交通管制，施工车辆要控制速度，无关车辆决不允许上路。

(8) 及时施工透油层和封油层，也是制止裂缝发展的有效措施之一。

4. 强度不均匀

从以往的施工检测结果来看，基层的7d无侧限抗压强度一般都在3~8MPa之间（相关规范要求在3~5MPa），后期有的基层强度范围更大，有的基层甚至大到20MPa以上，很不均匀，原因是多方面的，如级配、拌和时间、压实度、延迟时间等。

5. 层间结合不良

(1) 层面太光，粗糙度不够（含水量太大或细粒料比例大）。

(2) 在摊铺机到位前，下层面洒水湿润不够。

(3) 水泥浆没有洒或不够量。

2.2.4 路面基层、底基层施工质量控制及检查验收

1. 一般规定

各类基层和底基层压实度代表值（平均值的下置信界限）不得小于规定代表值，单点不得小于规定极值。小于规定代表值2%的测点，应按其占总检查点数的百分率计算合格率。

垫层的质量要求同相同材料的其他公路的底基层；联结层的质量要求同相应的基层或面层；中级路面的质量要求同相同材料的其他公路的基层。

水泥混凝土上加铺沥青面层的复合式路面，两种结构均需进行检查评定。其中，水泥混凝土路面结构不检查抗滑构造，平整度可按相应等级公路的标准；沥青面层不检查弯沉。

2. 基本要求

(1) 基层质量必须符合规定要求，并应进行弯沉测定，验算的基层整体模量应满足设计要求。

（2）水泥强度、物理性能和化学成分应符合国家有关标准及规范的规定。

（3）粗集料、细集料、水、外掺剂及接缝填缝料应符合设计和施工规范要求。

（4）施工配合比应根据现场测定水泥的实际强度进行计算，并经试验，选择采用最佳配合比。

（5）面层与其他构造物相接应平顺，检查井井盖顶面高程应高于周边路面 1～3mm。雨水口标高按设计比路面低 5～8mm，路面边缘无积水现象。

2.3 路面面层施工技术

2.3.1 水泥混凝土路面

1. 基础知识

水泥混凝土路面是由水泥混凝土面板与基层所组成，具有刚度大、强度高、稳定性好、使用寿命长等特点，适用于各级公路特别是高速公路和一级公路。水泥混凝土面板必须具有足够的抗折强度，良好的抗磨耗、抗滑、抗冻性能，以及尽可能低的线膨胀系数和弹性模量；混凝土拌和物应具有良好的施工和易性，使混凝土路面能承受荷载应力和温度应力的综合疲劳作用，为行驶的汽车提供快速舒适、安全的服务。

2. 施工工艺流程

施工准备──→拌和与运输──→铺筑与振捣──→表面修整──→接缝处理──→开放交通。

3. 水泥混凝土路面施工

（1）施工准备。施工前的准备工作包括选择拌和场地，材料准备及质量检验，混合料配合比检验与调整，基层的检验与整修、施工放样等项工作。

1）材料准备及质量检验。根据施工组织设计，在施工前分别备好所需水泥、粗集料、细集料、外加剂等材料，并在实际使用时核对调整。已备水泥除应查验其出厂质量报告单外，还应逐批抽验其细度凝结时间、安定性及 3d、7d 和 28d 的抗压强度等是否符合要求。为了节省时间，可采用 2h 压蒸快速测定方法测定推算。

2）混合料配合比检验与调整。主要包括工作性的检验与调整、强度的检验，以及选择不同用水量、不同水灰比、不同砂率或不同级配等配制混合料，通过比较，从中选出经济合理的方案。

3）基层检验与整修。主要包括基层质量检验和测量放样。基层的质量检查项目为基层强度（以基层顶面的当量回弹模量值或以测定的计算回弹弯沉值作为检查指标）、压实度、平整度（以3m钢直尺测量）、宽度、纵坡高程和横坡（用水准仪测量）。

测量放样首先应根据设计图纸放出路中心线以及路边线，设置胀缝、缩缝、曲线起讫点和纵坡转折点等桩位，同时根据放好的中心线和边线，在现场核对施工图线的混凝土分块线，要求分块线距窨井盖及其他公用事业检查井盖的边线至少留有1m的距离，否则应移动分块线的距离。

（2）拌和与运输。混凝土拌和设备应附有可自动计量供料系统，如无此条件时，可采用集料箱加"地磅"称量的方法进行计量。在运输过程中，为了保证混凝土的工作性，应考虑蒸发水和水化失水，以及因运输颠簸和振动使混凝土发生离析等。一般情况下，坍落度大于5.0cm时，用搅拌运输车运输，且运输时间不超过1.5h；坍落度小于2.5cm时，用自卸汽车运输，且运输时间不超过1h。若运输时间超过极限值时，可加入缓凝剂。拌和物运到摊铺现场后，倾卸于摊铺机的卸料机内。

水泥混凝土料仓出料口出料如图2-15所示。

图2-15 水泥混凝土料仓出料口出料

（3）铺筑与振捣

1）轨模安装。轨道式摊铺机施工的整套机械是在轨道上移动前进，并以轨道为基准控制路面表面高程。由于轨道和模板同步安装，统一调整定位，因此将轨道固定在模板上，既可作为水泥混凝土路面的侧模，也是每节轨道的固定基座。轨道的高程控制、铺轨的平直、接头的平顺，将直接影响路面的质量和行驶性能。

2）摊铺。摊铺是将倾卸在基层上或摊铺机箱内的混凝土按摊铺厚度均匀地充满模板范围内。滑膜铺摊机铺摊水泥混凝土路面如图 2-16 所示。

驾驶滑膜铺摊机铺摊水泥混凝土路面

图 2-16　滑膜铺摊机铺摊水泥混凝土路面

3）振捣。水泥混凝土摊铺后，就应进行振捣。振捣可采用振捣机或插入式振捣器进行。混凝土振捣机是跟在摊铺机后面，对水泥混凝土拌和物进行再次整平和捣实的机械。插入式振捣器主要是对路面板的边部进行振捣，以达到应有的密实性和均匀性。振捣棒振实如图 2-17 所示。

使用插入式振捣棒振实

图 2-17　振捣棒振实

（4）表面修整。捣实后的混凝土要进行平整、精光、纹理制作等工序，使竣工后的混凝土路面具有良好的路用性能。混凝土表面修整如图 2-18 所示。

对混凝土表面进行最后的精细修整，使混凝土表面更加致密、平整、美观

图 2-18　混凝土表面修整

(5) 接缝处理。混凝土面层是由一定厚度的混凝土板所组成，具有热胀冷缩的性质，混凝土板会产生不同程度的膨胀和收缩，这些变形会受到板与基础之间的摩阻力和黏结力，以及板的自重和车轮荷载的约束，致使板内产生过大的应力，造成板的断裂或拱胀等破坏。

为了避免这些缺陷，混凝土路面必须在纵、横两个方向设置许多接缝，把整个路面分割成许多板块。在任何形式的接缝处，板体都不可能是连续的，其传递荷载的能力总不如非接缝处，而且任何形式的接缝都不免要漏水，因此，对各种形式的接缝，都必须为其提供相应的传递荷载与防水的设施。

(6) 开放交通。严控开放交通时机，需要提早开放交通时，可洒水冷却降低混合料温度。

4. 水泥混凝土路面施工质量控制与监督验收

在施工过程中，应按照《公路水泥混凝土路面施工技术规范》（JIG F30—2015）中规定的项目和频率对原材料、混凝土拌和料进行检验，混凝土路面应检查平整度、弯拉强度和板厚三大指标以及其他指标。

(1) 平整度。用3m直尺检测平整度只能反映小波长的不平整度，不能反映大波长的不平整度。在施工过程中，因每天摊铺长度并不太长，因此从施工成本考虑，可采用3m直尺量验作为施工过程中平整度控制的检测项目。在验收时，必须采用精度较高、能客观反映路面行车过程中的平整度实际情况的平整度仪检测动态平整度，作为验收时工程质量评定依据。

(2) 弯拉强度。抗折强度是混凝土路面的第一强度指标。混凝土路面板的开裂破坏通常是因弯拉应力超过弯拉强度极限而形成的。因此抗折强度达到设计要求是混凝土路面长寿命的重要保证。在施工过程必须严格控制，对其评价应以搅拌楼生产中随机取得混合料在振动台上制作的小梁试件弯拉强度为准。在过去试验中发现，振动棒插入振动孔会严重降低混凝土的嵌锁能力，简易自制振动装置的振动能量无法控制，因此在制作试件时，推测结果不能反映实际路面弯拉强度，不得采用自制振动装置的试验结果。

(3) 板厚。混凝土路面在施工中应严格控制板厚。测量人员将两侧基准线定好以后，用直尺检查基准线到基层距离，即为板厚。每100m测2个断面，若符合要求，经监理确认后即可摊铺。若板厚不足、面积不大时，可采用铣刨机铣刨基层；若大面积基层偏高，允许在50m以外通过调整路面、标高控制板厚。使用模板施工时，应在两横板槽间设一板厚刮板，通过纵向"走一遍"进行板厚控制。通过上述做法可以杜绝摊铺后因厚刮板平均板厚误差超过1cm而返工，而把问题消灭在摊铺之前。

工程质量检查验收要求，工程施工完成后，施工单位应将全线按每公里一个评价段，按规定的检验项目和1/3频率进行自检，准备好总结报告、自检结果、原始记录等完整资料，申请验收。

业主方、监理方和质监站方收到施工单位验收申请，确认资料完整后，应首先对照施工中的抽检数据，检查竣工报告中数据是否与其吻合，然后再按现行行业标准《公路工程质量检验评定标准》（JTG F80/1）规定的检查项目和验收频率进行检查和验收。

2.3.2 热拌沥青混合料面层

1. 基础知识

沥青路面的施工是整个公路建设的重要环节，也是沥青混合料最终成型并形成强度的关键步骤，良好的沥青混合料性能和科学的施工工艺相配合，才能使沥青路面具有优良的使用性能。

沥青混合料是一种复合材料，主要由沥青、粗集料、细集料、填充料组成。热拌沥青混合料是经人工组配的矿料与沥青在专门设备中加热拌和而成，用保温运输工具运至施工现场，在热态下进行摊铺和压实的混合料。

2. 施工工艺流程

施工准备──→粘层施工──→沥青混合料的搅拌运输──→布料及分层摊铺──→分层压实成型──→接缝处理──→开放交通。

3. 热拌沥青混合料面层施工

（1）试验段。道路施工前，在道路选择一段试验段进行施工，确认、总结试验段材料铺设厚度与成型厚度的比例，确认好每次摊铺厚度等数据，为后续施工做好数据统计；同时辅以施工经验予以纠正等，为后续施工做好理论上的准备工作。

（2）沥青路面施工准备。在热拌沥青路面施工前，要做好准备工作。首先是确保基层已完善并验收合格，然后开始分别进行透油层施工。透油层是为了使沥青路面面层材料与基层结合良好，一般透油层选用乳化沥青、液体沥青等材料。透油层如图2-19所示。

（3）粘层施工。在大量铺设热拌沥青混合料前，在准备施工范围内洒布一层粘层，粘层作用主要是让沥青层与水泥混凝土层、水稳层之间更好的黏结，主要采用

图 2-19　透油层

改性乳化沥青、快裂乳化沥青等材料。摊铺机在基层上洒布一层粘层如图 2-20 所示。

图 2-20　摊铺机在基层上洒布一层粘层

(4) 混合料搅拌、运输。现目前热拌沥青混合料主要采用厂拌，这样质量能够得到很好的保障，搅拌完成后采用专门运料车运输至施工现场，注意运输过程中要对热拌沥青混合料进行覆盖处理，这既能提供保温效果，还能减轻沥青混合料散发有害气体对大气造成污染。

运输过程中要注意轮胎不要受到污染，如果轮胎运输过程中被泥土或其他杂物污染，在进场施工前应清理干净，以免污染道路基层造成沥青混合料与基层黏结度降低。

专用运料车装载热拌沥青混合料如图 2-21 所示。

(5) 现场布料。路面热拌沥青混合料一旦开始施工，不能停止，因此在摊铺机前应有足够的运料车，规范规定在开始施工前等候的运料车宜在 5 辆以上，以保证

图 2-21　专用运料车装载热拌沥青混合料

施工不间断进行。施工时运料车在摊铺机前 200mm 左右处空档等候，摊铺过程中由摊铺机根据摊铺速度顶推运料车前进，每次卸料必须卸载干净，如有黏结在车厢板的余料要进行单独清理，否则下次运输这块余料已经硬结，影响道路施工进度及质量。

运料车卸料如图 2-22 所示。

图 2-22　运料车卸料

（6）摊铺作业。对于高速路、城市主干道等比较重要的道理，为了减少接缝，宜采用多台摊布机联合作业，进行多机全幅摊铺以减少施工接缝，多台摊布机作业时为避免相互影响可采用梯队同步摊铺的方法。

摊铺机作业时要速度均匀一致，不得随意变换速度或中途停顿，这样就能提高表面平整度，如发现摊铺时出现材料离析、拖痕、材料布置呈波浪形时要及时处理，予以消除。

摊铺机摊平如图 2-23 所示。

（7）压实成型。施工现场准备足够的压路机，压路机的配备选择应合理。在摊

图 2-23 摊铺机摊平

铺完成一定距离、碾压温度合适后开始进行碾压,规范中对碾压温度有明确的规定,也可以根据现场试压确认碾压温度。碾压分为初压、复压、终压多个过程,碾压是一般从道路的外侧向中心碾压,有坡度的道路由低向高碾压,对于选择用粗集料的沥青混合料,复压时优先选用振动压路机进行复压。

双轮滚筒式压路机碾压如图 2-24 所示。

图 2-24 双轮滚筒式压路机碾压

（8）接缝处理。接缝分为热接缝和冷接缝,热接缝要求较低,在施工过程中沥青混合料还未冷却时进行另一幅施工,留设 100~200mm 宽暂不碾压,作为后续施工基本面一起碾压成型。接缝如图 2-25 所示。

（9）开放交通。碾压完毕后 24h 内安排专人限制通行,并且设置警告标志、限速标志等交通标志牌与交通管制设备。根据实际情况,严控开放交通时机,可洒水冷却降低混合料温度。

图 2-25 接缝

（采用冷接缝方法将新料与旧料之间重叠100mm左右，使下层旧料在高温下软化，更好地达到接缝效果）

2.3.3 改性沥青及改性沥青混合料面层

1. 基础知识

现代公路和道路相较以往发生许多变化，即交通流量和行驶频度急剧增长，货运车的轴重不断增加，普遍实行分车道单向行驶，这要求进一步提高路面抗流动性，即高温下抗车辙的能力；提高柔性和弹性，即低温下抗开裂的能力；提高耐磨耗能力和延长使用寿命。使用环境发生的这些变化对石油沥青的性能提出了严峻的挑战。

对石油沥青改性，使其适应上述苛刻使用要求，引起了人们的重视。经过数十年研究开发，已出现品种繁多的改性道路沥青、防水卷材和涂料，表现出一定的工程实用效果。但鉴于改性后的材料价格通常比普通石油沥青高 2~7 倍，用户对材料工程性能尚未能充分把握，改性沥青产量增长缓慢。

改性道路沥青主要用于机场跑道、防水桥面、停车场、运动场、重交通路面、交叉路口和路面转弯处等特殊场合的铺装应用。

2. 施工工艺流程

生产和运输——→摊铺——→压实与成型——→接缝处理——→开放交通。

3. 改性沥青及改性沥青混合料面层施工

（1）生产和运输。改性沥青混合料的生产除遵照普通沥青混合料生产要求外，还应注意以下几点：

①生产温度宜较普通沥青混合料生产温度提高 10~20℃，且由试验确定。

②宜用间歇式拌和设备生产，这种设备具有添加纤维等外掺料的装置。

③改性沥青混合料的储存时间不宜超过 24h，储存过程中温度下降小于 10℃。

SMA 混合料只限当天使用，OGFC 混合料宜随拌随用。

运输物料时，卸料必须倒净，及时清除剩料，防止硬结。在运输、等候过程中，沥青结合料不得发生老化、滴漏、粗细集料分离现象。

沥青混合料拌制如图 2-26 所示。

图 2-26　沥青混合料拌制

运料车运输热拌沥青混合料如图 2-27 所示。

图 2-27　运料车运输热拌沥青混合料

（2）摊铺

①在喷粘层油的路面上铺筑改性沥青混合料，宜用履带式摊铺机。SMA 混合料摊铺温度不低于 160℃。

②改性沥青混合料的摊铺速度宜放慢至 1～3m/min。摊铺系数由试验确定，一般在 1.05 左右。

③摊铺机自动找平：中、下面层宜用钢丝绳或铝合金导轨引导的高程控制方式，铺筑上层改性沥青混合料和 SMA 混合料时宜采用非接触式平衡梁。摊铺机摊铺如图 2-28 所示。

图 2-28　摊铺机摊铺

（3）压实与成型

①改性沥青混合料路面宜采用振动压路机或钢筒式压路机碾压，不宜采用轮胎压路机碾压。

②初压开始温度不低于150℃，碾压终了的表面温度应不低于90℃。

③振动压路机应遵循"紧跟、慢压、高频、低幅"的原则。

④密切注意SMA混合料碾压时的密实度变化，防止过度碾压。

压路机对沥青路面进行压实成型如图2-29所示。

图 2-29　压路机对沥青路面进行压实成型

（4）接缝处理。改性沥青混合料路面冷却后很坚硬，冷接缝处理很困难，因此应尽量避免出现冷接缝。

（5）开放交通。严控开放交通时机，需要提早开放交通时，可洒水冷却以降低混合料温度。

4. 沥青路面施工质量控制与检验验收

沥青路面施工应根据全面质量管理的要求，建立健全有效的质量保证体系，对施工各工序的质量进行检查评定，达到规定的质量标准，确保施工质量的稳定性。高速公路、一级公路沥青路面应加强施工过程质量控制，实行动态质量管理。所有与工程建设有关的原始记录、试验检测及计算数据、汇总的表格，必须如实记录和保存。对已经采取措施进行返工和补救的项目，可在原记录和数据上注明，但不得销毁。

施工单位在施工过程中应随时对施工质量进行自检。监理应按规定要求自主地进行试验，并对承包商提供的试验结果进行认定，如实评定质量，计算合格率。当发现有质量低劣或异常情况发生时，应立即追加检查。施工过程中无论是否已经返工补救，所有数据均必须如实记录，不得丢弃。

工程完工后，施工单位应将全线以1~3km作为一个评定路段；每一侧车行道按规定频率，随机选取测点；对沥青面层进行全线自检，将单个测定值与规范中的质量要求或允许偏差进行比较，计算合格率；然后计算一个评定路段的平均值、极差、标准差及变异系数。施工单位应在规定时间内提交全线检测结果及施工总结报告，申请竣工验收。

沥青路面竣工时应检查验收沥青面层的各项质量指标，包括路面的厚度、压实度、平整度、渗水系数、构造深度、摩擦系数等。

2.4 中央分隔带施工技术

2.4.1 中央分隔带

1. 基础知识

中央分隔带简称"中分带"，用于分隔往返车流，减少中线附近的交通阻力，避免车辆中途调头。中间带有一定宽度时，或利用植树或设防眩设施，可起到夜间防眩作用。在不妨碍建筑限界前提下，可作为设置交通标志牌及其他交通管理设施的场地，还可用以埋设管线等设施。

2. 中央分隔带施工

路缘石安装要求如下：

1）测量放样，放出两边路缘石的中心位置测路缘石控制桩，直线段桩距10m，曲线段桩距不大于5m，按照设计高程进行控制测量。

2）定出线位后。清洁要安装路缘石的基层面，保证安装路缘石的基层面上洁净湿润。

3）安装路缘石砂浆垫层及勾缝砂浆均采用 M7.5 水泥砂浆，统一采用坐浆法施工，垫层砂浆厚 10mm，安装时，先用线绳控制路缘石的直顺度，再用水平尺进行检查，合格后采用高标号的水泥砂浆进行勾缝。路缘石砌筑应平顺，相邻路缘石缝用 8mm 厚木条或塑料条控制，缝隙宽不应大于 10mm，相邻路缘石的缝隙应封严且均匀一致，路缘石与路面无缝隙、不漏水。路缘石安装如图 2-30 所示。

图 2-30　路缘石安装

2.4.2　盲沟

1. 基础知识

盲沟指的是在路基或地基设置充填碎、砾石等粗粒材料，并辅以倒虑层（有时在其中埋设透水管）的排水、截水盲沟。

2. 碎石盲沟施工

（1）砂浆抹面。基层施工完后，沿基层、底基层斜面采取 3cm 厚砂浆抹面。

（2）铺设土工布。砂浆强度达到设计要求后，铺设防渗土工布。铺设防渗土工布如图 2-31 所示。

图 2-31　铺设防渗土工布

(3) 碎石回填。通信管道施工后，碎石回填至底基层顶面。并用小型机械夯实。

(4) 通信管道安装。按照图纸位置，铺设通信管道。铺设通信管道如图 2-32 所示。

图 2-32　铺设通信管道

3. 纵向排水沟施工

(1) 测量放线。纵向排水沟均需要在基层检验合格后在中分带旁左侧路缘带"安装钢筋、支模浇筑"。根据设计图放线：尺寸为宽 40cm（其中两侧现浇混凝土各厚 10cm），深 38cm（其中底面现浇混凝土厚 8cm，顶面混凝土盖板厚 8cm）。

(2) 开挖基槽。用挖掘机在基层上开挖基槽，主线开挖深约 11.5cm，宽 55cm。槽底整平夯实。

(3) 钢筋绑扎。钢筋的绑扎位置、间距、保护层及各部分钢筋的大小尺寸，均应符合施工图的设计要求。安装后的钢筋，应有足够的刚性和稳定性。钢筋绑扎如图 2-33 所示。

图 2-33　钢筋绑扎

(4) 支模。待钢筋绑扎完成后，根据放线的位置进行支模。模板表面刷隔离剂，模板应具有足够的稳定性，保证浇筑混凝土时不变形走位。

(5) 浇筑 C25 混凝土。在支好模板后，在模板内浇筑混凝土。底面混凝土厚8cm，两侧混凝土各厚10cm，顶面要留混凝土盖板位置。纵向排水沟每10m分段，中间设置伸缩缝，塞沥青麻絮。铺设模板内浇筑混凝土如图2-34所示。

图 2-34　铺设模板内浇筑混凝土

(6) 养护脱模。混凝土浇筑施工完成后，及时覆盖土工布进行适量洒水养护，根据天气情况调整养护时间，不应少于7d，养护期间在现场放置标示牌防止外力影响。待强度达到要求后即可拆模，禁止暴力拆模。拆模完成后即可在顶部安装水沟顶部盖板。

2.5　路肩施工

2.5.1　土路肩

1. 基础知识

路肩是位于行车道外缘至路基边缘，具有一定宽度的带状部分。路肩一般由硬路肩（含路缘带）、土路肩组成。

土路肩的主要作用是：①提供临时停车的位置；②为临时停车提供硬实稳定且与行车道保持一定安全距离的表面；③供养护和紧急停车使用；④横向支撑路面；⑤承载道路设施，包括防护栅；⑥改善水平视距。

2. 施工工艺流程

施工放样──→取土运输──→第一层填筑夯实──→第二层填筑夯实──→安装塑料

盲沟材排——→第三层填筑夯实——→第四层填筑夯实——→土路肩交验。

3. 土路肩施工

（1）取土运输，进行初步整理，厚度为松铺厚度，宽度可以大于路肩的设计宽度10~15cm以保证有效路肩的压实度。用小型挖土机摊铺如图2-35所示。

图2-35　用小型挖土机摊铺

（2）整理完成后采用压路机进行稳压，保证土路肩的初步稳定性。用压路机进行稳压如图2-36所示。

图2-36　用压路机进行稳压

稳压完成后由人工细部整理如图2-37所示。

（3）最后采用压路机进行压实，压实遍数为5~6遍，具体所需遍数通过试验段来确定，压路机碾压不到的部位由人工采用小型夯实机具完成。

（4）压实完成由人工挂线进行内侧边缘的裁切和表面的整理，保证内侧的垂直度和表面的横坡度。

（5）施工结束后进行土路肩周围多余土的清理和基层的清扫，以保证基层的整

图 2-37　稳压后人工细部整理

（稳压完成后由人工进行细部整理，达到路肩表面平整）

洁性。

4. 质量检验

（1）土路肩的质量检验标准如下。

1）土路肩必须表面平整密实、不积水。

2）土路肩边缘直顺、不积水。

（2）在施工中由于设计以及各地施工的经验不同质量检验也可能有区别，但无论采用哪种方法都必须在以下几个方面加强注意。

1）土路肩的材料选择。土质的选择很重要，良好的土路肩材料对于保证路肩的压实度，施工进度都起着很重要的作用，建议尽量采用砂性黏质土，砂性土的砂粒大于70%，黏粒小于3%，塑性指数 $LP>2$，液限 WL 在 $16\sim28$ 之间，从指标可以看出砂性土砂粒的含量较大，也可以从中掺入一定比例的黏土来作为原材料，既容易施工也容易保证土路肩的施工质量，针对不同地区气候及地质情况也可以采用特种材料，这需要视情况而定。

2）土路肩施工时的质量控制。压实度的好与坏直接反映在土路肩的施工过程中，要注意预留排水口，排水口采用临时砂浆抹面或铺塑料布的方法，排水槽采用塑料布或土袋作为临时排水槽。如果土路肩施工的时候不设临时排水口，很容易造成成型的或已验收的路基大量聚水，导致后续施工的缓慢。严重时会导致路基质量的局部减弱，形成质量隐患。

3）土路肩的施工时间。土路肩的施工应选在合理的时间内，通常选在基层施工前几天，其进度要保证施工前要有足够的路肩段进行施工，因为施工过早，则土路肩容易受自然或人为等因素的破坏，造成不必要的二次整理。

2.5.2 硬路肩

1. 基础知识

"硬路肩"指的是与车行道相邻并铺以具有一定强度路面结构的路肩部分（包括路缘带），是高速公路右边用黄线划出的一条车道，主要作用是让故障车临时停靠，以及在紧急情况发生时，方便急救车辆通行。

2. 施工工艺流程

准备工作──→施工放样──→混凝土路肩模板安装──→混凝土拌和──→浇筑混凝土──→拆模──→养生。

3. 硬路肩施工

（1）准备工作。平整场地，浇筑路肩预制用混凝土平台。

（2）施工放样。基层施工完毕的路段，及时浇筑路肩。用全站仪精确放出两条距中桩1.5m的中央分隔带路肩边缘线，及距中桩11.75m的路侧路肩边缘线，每10m放一桩。施工人员按每10m段拉线，保证路肩顺直、圆滑。

（3）混凝土路肩模板安装。模板组装要严格按照路肩设计图所标尺寸拼装成整体，模板在现场拼装时，要控制好相邻板面之间拼缝，两板接头处要加设卡子，以防漏浆，拼装完成后用钢丝把模板和竖向钢管绑扎牢固。

模板应采用钢板材料制成，所有模板均不应翘曲，并应有足够强度来承受混凝土压力，而不发生变形，所有模板应处理干净，并涂上经监理批准的脱模剂，按设计图所标尺寸"对换"混凝土"全深"立模，然后浇筑混凝土。现场测量钢板模板如图2-38所示。

现场测量钢板模板的宽度，以保持模板的整体性和精确度

图2-38 现场测量钢板模板

（4）混凝土拌和。所用砂石料及水泥均按规范规定频率随机进行检验，各种材

料用料严格按照监理批复的设计配合比选用,用磅秤准确称量,保证材料用量的精度满足规范要求,并根据规范要求的频率及时取样制备试件。

(5)混凝土浇筑。所浇筑的混凝土要求外观良好,没有露石、蜂窝、裂缝、脱皮、啃边、掉角、漏浆等现象。

混凝土浇筑如图 2-39 所示。

图 2-39　路肩混凝土

人工刮刀将顶面刮平如图 2-40 所示。

图 2-40　人工刮刀将顶面刮平

(6)拆模。混凝土终凝后 8～10h 拆模,拆模过程中,不强行撬、砸混凝土,避免造成边角损坏及模具变形。将拆卸的模具仔细清理、检验、刷油,对变形的模具及时矫正,以备下次周转使用。

(7)养生。抹饰平整后即进入养生阶段。

4. 防止行车措施

过宽的硬路肩也存在一定的安全隐患,尽管我国严禁车辆在高速公路硬路肩上行驶,但是仍有部分驾驶人员利用硬路肩行车甚至超车。高速公路上行驶的车辆性能差异较大,车型众多,部分驾驶人对硬路肩的功能认识不足、安全意识淡薄,认为硬路肩就是"临时车道"或"备用车道",甚至将硬路肩当成了"超车道"。强行在硬路肩上超车,干扰了正常的行车秩序,且极易发生刮擦、碰撞等事故。防止在硬路肩上行车可以采用设置路肩振动带、设置标志标线、彩色铺装路面、扩大和加强对驾驶人硬路肩行车危害性的宣传教育等措施和方法。突起式路肩振动带如图 2-41 所示。

图 2-41　突起式路肩振动带

第3章 桥梁、涵洞工程施工技术

3.1 桥梁、涵洞施工技术标准

3.1.1 桥梁组成与分类

1. 桥梁组成

桥梁通常由下部结构、支座、上部结构桥面系及附属设施等组成。桥面系及附属设施是直接与桥梁服务功能有关的部件，包括：桥面铺装，防水及排水设施，桥面伸缩装置，人行道与安全带，护栏与隔离设施，桥梁照明设施，桥梁结构与路堤的衔接设施，桥梁防撞保护设施，桥梁防震抗震设施，桥梁标志、标线、视线导引与防眩设施，桥梁防噪与防雪走廊，桥头引道与调治构筑物，桥头建筑和周边景观设施等。

2. 桥梁分类

（1）按跨径分类：特大桥、大桥、中桥、小桥和涵洞。

（2）按桥梁受力特点分类：拱式桥、梁式桥、悬吊式桥和组合系桥梁四大类。

（3）按承重结构的材料分类：石拱桥、钢筋混凝土（预应力）桥、钢桥三大类。

（4）按用途分类：公路桥、公路铁路两用桥、农村道路桥、人行桥、管线桥和渡槽桥等。

（5）按跨越障碍性质分类：跨河桥、跨线桥（立体交叉）、高架桥、栈桥。

（6）按上部结构行车道位置分类：上承式桥、下承式桥、中承式拱桥。

（7）按桥面布置分类：双向车道布置桥、分车道布置桥、双层桥面布置桥等。

3.1.2 桥梁、涵洞技术指标

1. 桥梁、涵洞设计洪水频率

为保证桥涵孔泄洪能力和桥梁行车安全，桥梁、涵洞设计顶面必须高出桥涵设计洪水频率的水位至少0.25m。设计洪水频率是指桥涵设计洪水位发生的频率，不同等级公路的设计技术标准要求不同。

2. 桥梁与涵洞孔径

桥涵孔径的设计不宜过分压缩河道、改变水流的天然状态，应注意河床地形和考虑壅水冲刷对上下游的影响，确保桥涵附近河道与路堤的稳定。

桥梁全长，对于有桥台的桥梁应为两岸桥台侧墙或八字墙尾端之间的距离；对于无桥台的桥梁应为桥面系行车道全长。

当新建桥梁跨径在50m及以下时，宜采用标准化跨径。

桥涵标准化跨径规定如下：0.75m、1.0m、1.25m、1.5m、2.0m、2.5m、3.0m、4.0m、5.0m、6.0m、8.0m、10m、13m、16m、20m、25m、30m、35m、40m、45m、50m。

3. 桥面净空

公路桥梁建筑限界应与所在路线的路基宽度保持一致。桥上设置的各种管线等设施不得侵入公路建筑限界。建筑限界应符合《公路工程技术标准》（JTG B01—2014）的规定。

高速公路桥梁宜设为上、下行两座分离的独立桥梁，间距一般为0.5m，并应设置检修道和护栏，不宜设人行道。

一级至四级公路桥梁人行道和栏杆或检修道和护栏的设置应视需要而定，并应与前后路基横断面布置协调。桥梁人行道的宽度宜为0.75m或1.0m；大于1.0m时，按0.5m的级差增加；当设路缘石时，路缘石高度取用0.25~0.35m。

4. 桥下净空

桥下净空应符合公路建设限界的规定，高速、一级、二级公路桥下的净空高度应为5.0m，三级、四级公路桥下净空高度应为4.5m。检修道人行道与行车道分开设置时，其净高应为2.5m。通航或流放木筏的河流应符合通航标准及流放木筏的要求。

3.2 桥梁下部结构施工技术

桥梁下部结构由基础和墩台两个部分组成，是支承支座以上全部荷载，并将其传递到地基中的传力构造物。

3.2.1 明挖基础

1. 基础知识

明挖基础又称为扩大基础,是一种直接敞坑开挖就地灌注混凝土的浅基础形式。明挖基础是在桥梁墩(台)基础位置上,从原地面线向下开挖,一直挖到设计基底标高,对基底进行清淤、换填等处理或用其他加固方法加固,然后砌筑基础。由于施工简便、造价低,只要在地质和水文条件许可的情况下,都应优先选用。明挖基础适用于无水、少水或浅水河流的基础工程,可采用人工开挖或机械开挖。明挖基础施工重点需解决的问题是敞坑边坡稳定及开挖过程中的排水。

2. 明挖基础施工工艺流程

明挖基础施工工艺流程示意图如图 3-1 所示。

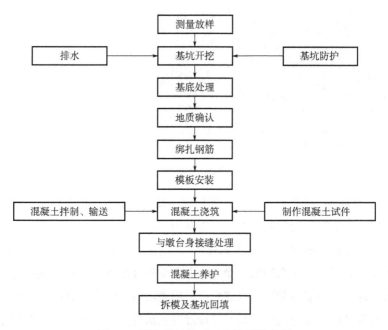

图 3-1 明挖基础施工工艺流程示意图

3. 明挖基础施工

(1) 测量放样。基础定位放样是根据墩台的位置和尺寸将基础的平面位置与基础各部分的标高标定在地面上。放样时,首先定出桥梁的主轴线,然后定出墩台轴线,最后详细定出基础各部分尺寸。基础位置确定后采用钉设龙门板或测设轴线控制桩,作为基坑开挖后各阶段施工恢复轴线的依据。

(2) 基坑开挖。基坑可采用垂直开挖、放坡开挖、支撑加固或其他加固的开挖方法。若基坑坑壁坡度不易稳定并有地下水影响，或放坡开挖场地受到限制，或放坡开挖工程量大，应根据设计要求进行支护。设计无要求时，应结合实际情况选择适宜的支护方案。在有地面水淹没的基坑，可修筑围堰、改河、改沟、筑坝排开地面水后再开挖基坑。

基坑开挖的工艺流程是：施工方案论证及确定——→测量放线并用灰线撒出轮廓线——→放坡开挖——→井点降水以保持基坑内干燥——→使用机械进行基坑开挖——→基坑四周设置排水沟、集水坑进行排水——→机械开挖至基底设计高程，并预留30cm的高度——→人工清理找平基底——→基底处理——→成品验收。

基坑开挖如图3-2所示。

图3-2 基坑开挖

（用挖土机根据放出的基坑开挖线逐个开挖。挖土应分层进行，每层高度不宜过大）

(3) 基底处理。为了使地基与基础接触良好，共同有效地工作，在基坑开挖至设计高程时，应针对不同地质情况，对地基面进行处理。

①未风化岩层基底处理：对未风化岩层开挖至岩层面后，应清除岩面松碎石块，凿出新鲜岩面，并用水冲洗干净，岩面不得存有淤泥、苔藓等表面附着物。岩面倾斜时，应将岩面基本凿平或凿成台阶。对基坑内岩面有部分破碎带时，应会同设计人员研究处理，采用混凝土封填或设混凝土拱等方法进行处理，以满足承载力的要求

②风化岩层基底处理：岩石的风化程度对其承载力影响很大。在开挖至风化岩层时，应会同设计人员认真观察其风化程度，检查基底是否符合设计承载力要求。按设计要求适当凿去风化表层，或清理到新鲜岩面，将基坑填满封闭，防止岩层继续风化。

③碎石或砂类土层基底处理：将基底修理平整并夯实，砌筑基础混凝土时，应

先铺一层2cm厚水泥砂浆。

④黏土基底处理：基坑开挖时，留20～30cm深度不挖，以防止地面、地下水渗流至基面，浸泡基面，降低强度；砌筑前，用铁锹加以铲平。如基底原状土含水量较大或在施工中浸水泡软，可向基坑中夯入10cm以上厚度的碎石，但碎石顶面不得高于设计高程。对于基底土质不均，部分软土层厚度不大时，可挖除后换填砂土，并分层夯实。

⑤湿陷性黄土基底处理：湿陷性黄土地基开挖时，必须保持基坑不受水浸泡，并尽量避免在雨期施工，否则应有专门的防洪排水降水设施，并应按设计要求采用重锤夯实、换填或挤密桩法进行加固。

⑥软土层基底处理：软土地基应按设计要求进行加固，可采用换土、砂井、砂桩或其他软土地基处理方法。在软土地基上修建桥梁时，应按设计预留沉降量。采用砂井加固的软土地基，按设计要求采取预压。桥涵主体必须分期均匀施工。在砌筑墩台、填土和架梁工程中，随时观测软土地基的沉降量，控制施工进度，使软土地基缓慢平均受载，防止发生剧烈变化或不均匀下沉。

软土层基底处理如图3-3所示。

图3-3 软土层基底处理

（4）绑扎钢筋。在绑扎钢筋前，先进行基础的平面位置放样，在垫层混凝土面上标出每根底层钢筋的平面位置，准确安放钢筋。钢筋绑扎时，在钢筋的交叉点处，用扎丝交错扎结（呈八字形）。安装钢筋时要保证其在模型中的正确位置，不得倾斜、扭曲，不得变更保护层的厚度。基础钢筋网置于基础底面上，保护层、钢筋间距满足设计要求。绑扎钢筋如图3-4所示。

图 3-4 绑扎钢筋

按照先短向后长向，由一端向另一端的顺序依次推进绑扎钢筋。操作时要按图纸要求画线、铺放主筋、穿套箍筋，然后绑扎成型

（5）混凝土浇筑。混凝土浇筑前应将模板内的杂物和钢筋上的油污等清理干净；当模板有缝隙和孔洞时，应予堵塞，不得漏浆。仔细检查钢筋，模板，支架，预埋件的紧固程度，保护层垫块的位置、数量。

振动棒与侧模板应保持 50~100mm 的距离，应避免碰撞钢筋、模板，不得直接或间接地通过钢筋施加振动。每一振点的振捣时间宜为 20~30s，以混凝土不再沉落，不出现气泡、表面泛浆为度，防止过振漏振。混凝土在浇筑振捣过程中产生的部分泌水，应及时排除。浇筑完成后，应及时修整、抹平混凝土裸露面。插入式振捣器振捣混凝土如图 3-5 所示。

图 3-5 插入式振捣器振捣混凝土

混凝土浇筑过程中，采用插入式振捣器垂直对混凝土进行振捣并使其均匀密实

（6）混凝土养护。混凝土浇筑完成后，12h 内必须覆盖和洒水，直至规定养护时间。操作时不得使混凝土受到污染和损伤。混凝土养护用水可以使用拌和水，不得用海水。混凝土养护期间，混凝土内部温度与表面温度之差、表面温度与环境温度之差不宜大于 20°C。

(7) 拆模及基坑回填。混凝土强度达到 2.5MPa 以上时，且其表面及棱角不会因拆模而受损时才可以拆除模板。拆模的顺序按立模顺序逆向而行，拆模时注意不得撬损基础混凝土棱角。拆模后及时回填基坑，回填土须分层夯实。将余土推平，达到现场文明施工要求。

3.2.2 钻孔灌注桩基础施工

1. 基础知识

钻孔灌注桩是在桩位处采用钻孔机械（或人工）将地层钻挖成预定孔径和深度的桩孔后，将预制钢筋龙骨架放入孔内，然后灌注混凝土而形成桩基。钻孔灌注桩能将作用于桩顶的荷载传递到较深的土体中，承载力大，适用于水中和"干处"及各类地层施工；但成孔质量和水下混凝土施工质量较难控制，孔壁坍塌处理和孔底沉淀清除较为困难。

2. 钻孔灌注桩基础施工工艺流程

钻孔场地设备准备→测放桩位→埋设护筒→钻机就位→钻孔→一次清孔→吊放钢筋笼、声测管→安装导管→二次清孔→灌注水下混凝土→凿除桩头→桩基检测。

3. 钻孔灌注桩基础施工

（1）测放桩位、埋设护筒。首先对桩位进行炝灰处理，待土体达到一定强度后，测放桩位。钢护桶采用壁厚 1cm 的钢管，$\phi 1.2m$ 桩的钢护桶选用 $\phi 1.4m$ 的钢管，$\phi 1.5m$ 桩的钢护桶选用 $\phi 1.7m$ 的钢管。护桶长度根据桩底面标高、桩顶标高计算确定。护桶插打完成后，将上部割齐，由测量人员测出护桶顶标高，并对施工队进行交底。

（2）钻机就位。钻机采用起重机吊装就位，就位后进行中心位置和水平度检查，如图 3-6、图 3-7 所示。

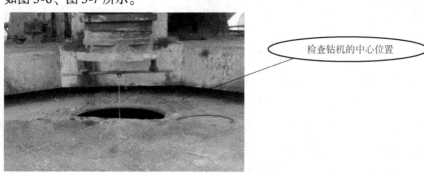

图 3-6　检查钻机中心位置

图 3-7 检查钻机水平度

(3) 钻孔。钻孔施工时，根据设计资料绘制的地质剖面图，选用适当的钻机和泥浆参数。钻机安装后的底座和顶端应平稳，在钻进中不应产生位移和沉陷，否则应及时处理。钻孔作业应分班连续进行，填写钻孔施工记录，交接班时应交待钻进情况及下一班应注意事项。应经常对钻孔泥浆进行检测和试验，不合要求时，应随时改正。应经常注意地层变化，在地层变化处均应捞取渣样，判明后记入记录表中并与地质剖面图核对。

钻孔现场施工图如图 3-8 所示。

图 3-8 钻孔现场施工图

(4) 第一次清孔。钻孔至设计高程，经过检查，孔深、孔径、孔的偏斜符合要求后，将钻渣抽净。进行第一次清孔。清孔采用换浆法，在钻进至设计深度后，稍稍提起钻头，同时保持原有的泥浆密度进行循环浮渣，随着残存钻渣的不断浮出，孔内泥浆密度和含量不断降低，然后注入清水继续循环置换，随时检查清孔质量；个别孔底沉渣采用泥浆泵吸出的方式进行清孔。

(5) 钢筋笼绑扎。钢筋笼严格按设计和规范要求制作。钢筋骨架的保护层，通过用螺旋筋穿入中心开孔，用厚 5cm 的工字形水泥砂浆（水灰比 <0.4）垫块来保证保护层的厚度，砂浆垫块按竖向每隔 2m 设一道，横向圆周不少于 4 个，最后安装和固定声测管。骨架顶端应设置吊环，吊环长度根据护桶顶标高和桩顶标高计算确定。钢筋笼应分段焊接，每段长度不超过 20m，钢筋笼主筋采用双面搭接焊。钢筋笼绑扎如图 3-9 所示。

图 3-9　钢筋笼绑扎

(6) 声测管安装。声测管在钢筋笼加工过程中安装，按设计要求用加强筋固定。钢筋笼分段吊装过程中，声测管必须对正，用"$\phi 68mm \times 3.5mm$"的接头连接。安装声测管时每个接头必须焊好并用胶带封严密合，防止灌注混凝土时进入声测管内，使桩基无法检测。声测管连接完毕后灌水进行检查，以增强声测管抗压能力，方便桩基检测。声测管的安装如图 3-10 所示。

图 3-10　声测管的安装

(7) 钢筋笼吊装。在确认清孔完成并符合设计要求后,将焊接好的钢筋笼骨架分段用汽车式起重机吊入桩孔,吊入下段后将其临时固定在孔口位置,再吊放上段钢筋笼,并在孔口与下段钢筋笼进行对接;钢筋笼对接采用双帮条搭接,并在下段钢筋上焊好帮条,在上、下段钢筋笼对位固定好后进行焊接。对接完成后下放至设计深度,并在孔口牢固定位,以免在灌注混凝土过程中发生浮笼现象。钢筋笼吊装如图3-11所示。

图3-11 钢筋笼吊装

(8) 导管安装。导管长度要求下口距孔底30~50cm,上口超出护桶50cm,每节长2.0m,根据桩长配1~2节长短管,由管端粗丝扣、法兰螺栓连接,接头处用橡胶圈密封防水,并对导管做水压和接头抗拉试验,保证不漏水。安装导管时不得与钢筋笼相碰。

(9) 第二次清孔。在第一次清孔达到要求后,由于要安放钢筋笼及导管,导致浇筑混凝土的时间间隙较长,孔底又会产生沉渣,所以待安放钢筋笼及导管就绪后,再利用导管进行第二次清孔。清孔的方法是在导管顶部安装一个弯头和皮笼,用泵将泥浆压入导管内,再从孔底沿着导管外置换沉渣。要求:孔深达到设计要求,泥浆相对密度不大于1:1,泥浆黏度为17~20s,含砂率不大于2%,胶体率不小于98%,沉渣厚度不大于200mm,沉渣厚度检测采用测锤法。待质检工程师、监理检测合格后灌注混凝土。

(10) 水下混凝土灌注。混凝土拌合物运至灌注地点时,应检查其均匀性和坍落度等，如不符合要求，应进行第二次拌和，二次拌和仍不符合要求时，不得使用。为防止钢筋骨架上浮，当灌注的混凝土顶面距钢筋骨架底端1m左右时，应降低混凝土的灌注速度。当混凝土拌合物上升至骨架底口4m以上时，提升导管，使其底口高于骨架底部2m以上，即可恢复正常灌注速度。

水下混凝土灌注如图3-12所示。

图3-12 水下混凝土灌注

（11）桩基检测。桩基检测如图3-13所示。

图3-13 桩基检测

3.2.3 桥梁承台施工

1. 基础知识

承台指的是为承受、分布由墩身传递的荷载，在基桩顶部设置的联结各桩顶的钢筋混凝土平台，也是基础工程；一般采用钢筋混凝土结构，通过其承上传下的作用，把墩身荷载传到基桩上。

2. 承台施工工艺

施工测量放样→机械开挖基坑→人工清理基底→凿除桩头→垫层施工→安装钢

筋及模板→承台混凝土浇筑→混凝土养护、拆模→基坑回填。

3. 桥梁承台施工

（1）测量放线。根据导线控制点测出承台中心及四周边线，用石灰作标记，同时测出承台底与原地面的高差，确定开挖深度及放坡后开挖边线。控制桩应打在距承台开挖边线100cm处的四个角上，并标明高程（同时注明开挖深度）及距承台开挖边线位置。控制桩打设深度不小于25cm（根据现场地基情况定）。

（2）基坑的开挖。灌注桩施工完成后，先初步放样，标记出承台边界。采用机械配合人工方式开挖基坑。先用机械开挖至设计基底以上10~20cm后，再用人工开挖至设计基底，开挖放坡1:0.5，基坑长宽方向要比承台设计长宽方向各加1m，其中设40cm排水沟，另60cm为支承模板的作业空间，严禁超挖回填。用潜水泵将基底水排出基坑以外。开挖完毕后清除基坑底脏乱杂物，进行平整处理，保证无淤泥及杂物。灌注桩施工后基坑开挖如图3-14所示。

图3-14 灌注桩施工后基坑开挖

（操作挖掘机在量测好的承台区域进行基坑的开挖。开挖应采取四周拉槽开挖，不得碰撞损坏桩基钢筋）

（3）垫层施工。混凝土垫层如图3-15所示。

图3-15 混凝土垫层

（承台基坑开挖平整后，凿除所剩桩头，浇筑20cm厚的C20混凝土垫层。垫层铺筑均匀，整平拍实）

（4）钢筋施工。在垫层上进行钢筋绑扎。绑扎钢筋前检查钢筋种类、直径、长度是否与设计图一致。然后，进行有序的绑扎，绑扎要依据设计及规范要求进行，注意钢筋位置、搭接长度及接头的错开。施工完毕自检合格后方可进行模板施工。钢筋施工如图 3-16 所示。

依据设计及规范要求有序绑扎承台钢筋

图 3-16　钢筋施工

（5）模板施工。承台的模板采用透水模板衬里的渗透性模板。为提高承台的浇筑质量，应保证模板的平面光滑，拼缝严密。模板用方木支撑，上、下两层用对销螺栓紧固，钢模板外侧立双根直径 5cm 的钢管，横向用直径 5cm 的钢管横放，用 ϕ16mm 拉杆拉紧。所有钢管必须双根拼用，拉杆分上、下两层，横向间距为 1.2m，在模板的外围用规格为 10cm×15cm 方木支顶在基坑四侧坡上，以保证模板的垂直稳定性。模板之间夹海绵条，防止漏浆，以保证混凝土的外观质量。

模板施工如图 3-17 所示。

采用大面钢模板作为承台模板，模板安装要拼缝紧密，表面平整，应尽量避免漏浆

图 3-17　模板施工

（6）肋板式桥台钢筋预埋。浇筑混凝土前测量人员给出肋板式桥台钢筋位置，将肋板式桥台钢筋准确插入承台中，与承台主筋焊接定位。钢筋上端与钢管架子绑

紧，以保证肋板式桥台钢筋的位置准确。

（7）混凝土浇筑及养护。承台混凝土浇筑完毕后用木抹子抹面。混凝土初凝开始后开始养护，用麻袋片覆盖并浇水以保持湿润。浇水养护 7d 后经监理检验合格后方可用土回填，以土壤水分进行自然养护。混凝土浇筑及养护如图 3-18 所示。

用混凝土搅拌运输车从承台中间向两侧浇筑，用插入式振捣器分层振捣，分层厚度不大于30cm

图 3-18　混凝土浇筑及养护

（8）拆模板。在保证承台的质量的同时尽量减少破坏模板，使模板保持完整，确保模板的可再利用性。

模板拆除如图 3-19 所示。

刚拆模的承台。拆模必须保证承台体的完整性，拆模时杜绝破坏承台的保护层，切割拉杆时必须保证不损害主筋

图 3-19　模板拆除

（9）刷防腐涂料。承台侧面、顶面均涂刷环氧煤沥青，厚度为 $250\mu m$。承台刷防腐涂料如图 3-20 所示。

3.2.4　桥梁墩台施工

1. 基础知识

桥梁墩台施工方法通常分为两大类：

图 3-20　承台刷防腐涂料

1）现场就地浇筑与砌筑。优点是工序简便，机具较少，技术操作难度较小；缺点是施工期限较长，需耗费较多的人力与物力。

2）拼装预制的混凝土砌块、钢筋混凝土或预应力混凝土构件。特点是依赖于施工机械（起重机械、混凝土泵送机械及运输机械）的应用，既可确保施工质量、减轻工人劳动强度，又可加快工程进度、提高工程效益。

2. 墩台施工工艺流程

施工准备──→基顶放线墩底定位──→墩台身钢筋绑扎──→模板安装──→自检后报监理审批──→浇筑混凝土──→混凝土养护、拆模。

3. 桥梁墩台施工

（1）测量放线。墩柱和台身施工前应按图纸测量放线，检查基础平面位置、高程及墩台预埋钢筋位置。专业测量人员测量放线如图 3-21 所示。

图 3-21　专业测量人员测量放线

（2）搭设脚手架。脚手架搭设前应对地基进行处理，地基应平整坚实，排水顺畅；脚手架应搭设在墩台四周并环形闭合，以增加稳定性。搭设脚手架如图 3-22 所示。

图 3-22　搭设脚手架

（3）钢筋加工及绑扎。墩、台身钢筋加工应符合一般钢筋混凝土构筑物钢筋加工的基本要求，严格按设计和配料单进行。钢筋绑扎如图 3-23 所示。

图 3-23　钢筋绑扎

（4）模板安装。模板安装如图 3-24 所示。

图 3-24　模板安装

（5）混凝土浇筑。根据墩、台所处位置、混凝土用量、拌和设备等情况合理选用混凝土运输和浇筑方法。"罐车"运输混凝土进行浇筑如图 3-25 所示。

混凝土浇筑时采用"罐车"运输、混凝土料斗配合起重机进行浇筑、同时进行人振捣

图 3-25　"罐车"运输混凝土进行浇筑

（6）混凝土成型养生。混凝土成型养生如图 3-26 所示。

浇筑完成后的墩台应用塑料布将顶面覆盖，凝固后及时洒水养生

图 3-26　混凝土成型养生

3.2.5　盖梁施工

1. 基础知识

盖梁指的是为支承、分布和传递上部结构的荷载，在排架桩墩顶部设置的横梁，又称帽梁。在桥墩（台）或在排桩上设置钢筋混凝土或少筋混凝土的横梁，主要作用是支承桥梁上部结构，并将全部荷载传到下部结构。有桥桩直接连接盖梁的，也有桥桩接立柱后再连接盖梁的。

2. 盖梁施工工艺流程

施工准备→测量放样→底模安装→安装盖梁钢筋→安装侧模→混凝土浇筑→养生→拆侧模→拆底模。

3. 盖梁施工

（1）施工准备。将墩柱顶混凝土浮浆全部凿除，至裸露新鲜集料为止，并用清水冲刷干净,以保证墩柱与盖梁混凝土结合面良好。

(2)施工放样。测量人员将盖梁轴线放出后,施工人员根据盖梁轴线和盖梁标高安装底模,并调整盖梁底模达到设计标高。

(3)底模安装。底模安装应在跨中预留5~8mm的上拱度,按抛物线布置,以消除由于承重工字梁受荷载作用而引起下挠曲。盖梁底模标高安装施工误差不大于5mm,轴线偏位不大于10mm。模板接缝间垫约3mm厚的橡胶条或粘胶带,防止接缝漏浆造成混凝土麻面。模板安装后均匀涂刷脱模剂。底模安装如图3-27所示。

图3-27 底模安装

(用起重机将模板吊到相应高度,人工辅助进行安装,用槽钢或钢管作肋,模板板面之间应平整,接缝严密)

(4)安装盖梁钢筋。盖梁骨架钢筋可先在钢筋棚加工成骨架,然后吊到盖梁底模上绑扎成型。钢筋保护层误差不大于5mm。

(5)安装侧模。安装前,应均匀涂刷脱模剂。侧模与底模之间要接缝严密,以保证不漏浆。模板各部位支撑牢固,模板上口横向设置拉杆,可用Φ25m钢筋制作,间距不大于1.0m。侧模安装如图3-28所示。

图3-28 侧模安装

(用起重机将模板吊到相应高度,人工辅助进行安装,用槽钢或钢管作肋,模板板面之间应平整,接缝严密)

(6)混凝土浇筑。浇筑前,报请现场监理工程师检查模板各部位尺寸是否正确,接缝是否严密,支撑、拉杆是否牢固,钢筋绑扎、预埋件位置是否正确,以上各项满足设计及规范要求后方可施工。现场浇筑混凝土如图 3-29 所示。

图 3-29 现场浇筑混凝土

（混凝土浇筑采用插入式振动棒进行振捣，使用振动棒要快插慢抽，每一处振动完毕后应边振动、边徐徐提出振动棒，避免振动棒碰撞模板）

（7）养生。混凝土养生如图 3-30 所示。

图 3-30 混凝土养生

（混凝土初凝后，用土工布或塑料布覆盖，洒水养生）

（8）拆侧模。混凝土强度达到 2.5MPa 后，在不损坏混凝土角边情况下，即可拆侧模，拆除后，用土工布或塑料布覆盖，洒水养生。

（9）拆底模。混凝土强度达到 80% 以上时，方可拆除底模。混凝土底模拆除如图 3-31 所示。

3.2.6 质量通病和注意事项

1）系梁基坑超挖或欠挖。应对开挖班组进行基底标高施工要求交底。
2）系梁基坑浸水。应设置排水沟和集水坑以及时排出积水。
3）桩基检测管堵塞。检测管端头应封闭，采用高压水枪疏通。
4）钢筋笼或钢筋骨架偏位。测量放样应准确，定位后采取适当措施避免扰动。

图 3-31　混凝土底膜拆除

5) 模板偏位或错台，接缝不严密。应准确定位模板边线，采取适当措施避免扰动，模板接缝应采用双面胶保证严密。

6) 未设置保护层垫块。应按要求设置保护层垫块。

7) 混凝土浇筑完成后表面存在蜂窝麻面和水纹。浇筑过程中应加强振捣。

8) 墩柱底部出现烂根。混凝土浇筑过程中加强对底部的振捣。

9) 未进行养护或养护不及时。应按要求进行覆盖洒水养护。

3.3　桥梁上部结构施工技术

桥梁上部结构体系较多，如拱式桥、梁式桥（含简支梁、连续梁、悬臂梁）、刚构桥、斜拉桥、悬索桥和组合体系等，桥型设计时应根据实际地形、地质与水文、跨越对象、荷载大小、公路等级等条件，进行技术经济比较后确定。

3.3.1　预制梁板施工

1. 预制梁板施工工艺流程

清理底模、施工放样──→绑扎底、腹板钢筋──→安装预应力管道──→安装侧模──→安装端头模板──→绑扎顶板钢筋──→浇筑梁体混凝土──→梁体养生──→拆模及凿毛──→张拉、压浆──→移梁──→梁体封端。

2. 预制梁板施工

（1）清理底模、施工放样。梁板底模采用不小于C30的混凝土浇筑，厚度不小于30cm，上铺3mm厚钢板，经过受力验算，各项指标均要满足规范要求，钢底模清理干净后,底模上加粘 2mm 厚 PVC 板。底模两侧与侧模接触面安装橡胶条,防止漏浆。橡胶条与底模顶面平行,接缝平整。底模清理干净,表面无残存物,且线形平顺,表面平整。均匀涂抹脱模剂。按梁板的几何尺寸进行放样并弹线标识。

(2) 绑扎底、腹板钢筋。根据放样结果,安装绑扎卡具,在绑扎卡具上先安装腹板外侧水平钢筋,然后将腹板箍筋和水平筋进行绑扎。在钢筋绑扎卡具上摆放底板箍筋,将底板箍筋与腹板箍筋对应进行绑扎。穿梭底板主筋和水平筋并与箍筋进行绑扎。底板钢筋绑扎完成后,检查钢筋保护层厚度,杜绝钢筋贴近模板而造成露筋现象的出现。底、腹板钢筋绑扎如图 3-32 所示。

先在预制台座上将加工好的钢筋按设计要求布开,然后按照钢筋图的要求绑扎梁板钢筋进行安装

图 3-32 底、腹板钢筋绑扎

(3) 穿预应力管道。首先定位预应力(波纹)管道坐标,焊定位钢筋(一般为"∩""#"形),定位钢筋直线段每隔 1m 固定,曲线段每隔 0.5m 固定,然后沿位置穿预应力(波纹)管道并与定位筋顶部绑扎牢固,此工序必须符合图纸及规范的要求。管道线型平顺,在张拉锚板处,沿管道切线方向与锚板平面保持垂直状态。在管道内穿外径稍小的塑料衬管,以防漏浆堵塞管道。预应力(波纹)管道如图 3-33 所示。

管道就位后开始焊接,在管道上绑一根"∩"形钢筋,并与托架钢筋焊接牢固,托架焊在箍筋上,箍筋下面用垫块垫实

图 3-33 预应力(波纹)管道

(4) 安装侧模。侧模应预先在别处分段拼装好,其中箱梁侧模表面应加粘 2mm 厚 PVC 板,清理干净后均匀涂抹隔离剂,把预先拼装好的两侧模板通过横穿底座的对拉螺栓连接,并在底胎预先埋设好的地锚或钢筋与侧模之间打入木楔。当侧模自带托架时,应将支腿处用钢板或木楔钉牢。模板接缝应平顺、严密,无错台,模内长、宽、高尺寸符合设计图纸及施工规范的要求,对拉螺杆齐全、紧拉,支撑稳固。侧模与底模之间、侧模与侧模之间接缝不严密处用原子灰或透明玻璃胶填补,确保模板接缝不漏浆。箱梁侧模如图 3-34 所示。

图 3-34 箱梁侧模

(5) 浇筑混凝土。混凝土施工在侧模、底板钢筋、腹板钢筋、预应力管道、内模安装完毕通过自检并抽检合格后,方可浇筑。一般采用一次性浇筑底板、腹板和顶板混凝土,施工中不间断,浇筑从一端开始持续到另一端。

(6) 拆模及凿毛。拆除端模和侧模,拆除时用锤子敲掉木楔,松掉对拉螺栓的螺母,拆除端模模板,再自上而下抽出对拉螺杆,拆除分块侧模模板之间的连接螺丝。模板拆除时,要保证混凝土表面及棱角不因拆除模板受到损坏。侧模应优先考虑整体拆除,便于整体转移后,重复进行整体安装。拆下的模板应及时清理粘连物,用手砂轮打磨干净,涂刷脱模剂,拆下的扣件及时收集管理。模板拆除后应及时用手工或电动凿毛锤对混凝土表面加密凿毛,凿毛时清除混凝土表面浮浆,露出新鲜的混凝土。确保以后在进行桥面施工时,梁板之间能有效地连结成整体。

(7) 预应力张拉

1) 钢绞线应梳整、分根、编号、编束,每隔 1.5m 左右绑扎铁丝,使编扎成束、顺直不扭转。

2) 穿束前用压力水冲洗孔道内杂物,观测孔道有无串孔现象,再用空气压缩机吹干孔道内水分。

3) 孔口锚下垫板应与管道垂直。预应力筋束的搬运,应无损坏、无污染、无锈蚀。

第3章 桥梁、涵洞工程施工技术

4)穿束用人工进行,从一端送入即可,如若困难可采用卷扬机牵引,后端用人工协助。钢绞线采用卷扬机牵引穿束,每束钢绞线前端焊成弹头状用塑料胶带包裹以减小阻力,并焊一钢挂钩,用卷扬机钢丝绳牵引缓慢穿入。

(8)浇筑封端混凝土。对于非连续梁端,上梁前应浇筑梁端封锚混凝土。孔道压浆后应立即将梁端水泥浆冲洗干净,并将端面混凝土凿毛。按设计要求绑扎端部钢筋网。固定封端模板,立模后,校核梁体全长,其长度应在允许误差范围内。封端混凝土,其配合比及强度要求应与梁体混凝土完全相同。灌注封端混凝土时,要仔细操作并认真捣固,务使锚具处的混凝土密实。静置1~2h,带模浇水养护,脱模后继续浇水养护。

3.3.2 模板与支座安装

1. 模板

由于混凝土拌和初期,其状态介于固体和液体之间,不具有强度,所以混凝土工程施工中要以模板作为临时承重结构物。模板不仅控制着构件的形状和尺寸,还直接影响混凝土工程进度及工程造价。

(1)模板的种类

①木模板。木模板采用木材拼接出所需要的形状和尺寸,其一般由模板、肋木、立柱或由模板、直枋、横枋组成。模板厚度通常为3~5cm,板宽为15~20cm,木模板制作容易,且可做成任意形状,但对木材的损耗大,成本高且施工效率低,故木模板常应用在定型模板(如钢模)不易实现的混凝土构件中。木模板一般构造如图3-35所示。

②钢模。目前,桥梁构件的尺寸趋向模数化,这给使用定型组合模板提供了机会。钢模板通常是根据国家相应规范制作出的具有一定规格尺寸的模板,亦可根据实际工程进行制作。

钢模板是以钢板作为模板,以角钢代替肋木和立柱,通常钢板厚为4mm。钢模板造价虽高,但由于周转次数多,

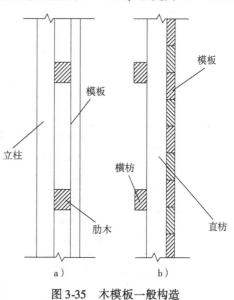

图3-35 木模板一般构造

实际成本低，而且其接缝严密，能承受强烈振捣，浇筑后的混凝土质量好，所以目前被广泛应用于桥梁建设中。

③钢木结合模。肋木、立柱采用角钢，将木模板用平头开槽螺栓固定于角钢上。这种模板节约木材，成本低，而且具有较大的刚度和稳定性。

④纤维板或塑料板模板。以木材或钢材作为内架，以纤维板或塑料板作为模板，这种模板容易拼接，浇筑后混凝土表面平整。目前，采用该模板日益增多。

(2) 模板的安装。模板安装前应在模板上涂刷脱模剂，便于脱模。模板的安装应与钢筋安装工作配合进行，妨碍钢筋绑扎的模板应待钢筋安装完毕后安装。安装模板时，应防止模板移位，可设置必要的支撑。模板安装完毕后应对其平面位置、顶部高程、节点联系及纵横向稳定性进行检查，合格后方可浇筑混凝土。浇筑时若发现模板超过允许偏差变形，应及时纠正。模板、支架及拱架安装的允许偏差见表3-1。

表3-1 模板、支架及拱架安装时的允许偏差表

项目		允许偏差/mm
模板标高	基础	±15
	柱、墙和梁	±10
	墩台	±10
模板内部尺寸	上部构造的所有构件	+5
	基础	±30
	墩台	±20
轴线偏位	基础	15
	梁或墙	8
	梁	10
	墩台	10
装配式构件支承面的标高		+2，-5
模板相邻两表面高低差		2
模板表面平整		5
预埋件中心线位置		3
预留孔洞中心线位置		10
预留孔洞截面内部尺寸		+10，0
拱架和支架	纵轴的平面位置	跨度的1/1000或30
	曲线形拱架的标高（包括建筑拱度在内）	+20，-10

(3) 模板的拆除。模板的拆除期限应根据工程特点、模板位置及混凝土所达到的强度来决定,非承重模板一般应在混凝土抗压强度达到 2.5MPa 时方可拆除;芯模应在混凝土强度能保证其表面不发生塌陷和裂缝时拆除,一般混凝土强度应达到 0.4~0.8MPa;钢筋混凝土的承重模板,应在混凝土强度能承受其自重及其他可能的荷载时拆除,跨径不大于 4m 及大于 4m,其混凝土强度符合设计强度标准值的 50% 及 75% 后方可拆除。

模板的拆除应按一定顺序进行,现浇钢筋混凝土桥的落架工作,应从挠度最大的支架上开始卸落,然后对称地向支点展开,务必使整个承重结构逐渐受力,以免突然受力而遭受损害。

2. 支座

目前桥梁上使用较多的是橡胶支座,类型有板式橡胶支座和盆式橡胶支座。板式橡胶支座用于反力较小的中、小跨径桥梁,盆式支座用于反力较大的大跨径桥梁。

(1) 板式橡胶支座的安装。板式橡胶支座在安装前的检查和力学性能检验,包括支座长、宽、厚、硬度、允许荷载、允许最大温差以及外观检查等,如不符合设计要求,不得使用。支座安装时,支座中心应对准梁的计算支点,必须使整个橡胶支座的承压面上受力均匀。为此,应注意下列事项:

1) 支座下设置的承垫石,混凝土强度应符合设计要求,顶面标高准确、表面平整,在平坡情况下同一片梁两端支承垫石水平面应尽量处于同一平面内,其相对误差不得超过 3mm,避免支座发生偏斜、不均匀受力和脱空现象。

2) 安装前应将墩、台支座支垫处和梁底面清洗干净,去除油污,用水灰比不大于 0.5 的 1:3 水泥砂浆抹平,使其顶面标高符合设计要求。

3) 支座安装尽可能安排接近年平均气温的季节里进行,以减少由于温差变化大而引起的剪切变形。

4) 当墩台两端标高不同,顺桥向有纵坡时,支座安装方法应按设计规定执行。

5) 梁、板安放时,必须细致稳妥,使梁、板就位准确且与支座密贴,就位不准或支座与梁、板不密贴时,必须吊起,采取措施垫钢板和使支座位置限制在允许偏差内,不得用撬棍移动梁、板。

(2) 盆式橡胶支座安装。盆式橡胶支座顶、底面积大,支座下埋设在墩顶的钢垫板面积也较大,浇筑墩顶混凝土必须密实。盆式橡胶支座的规格和质量应符合设计要求,支座组装时其底面与顶面(埋置于墩顶和梁底面)的钢垫板,必须埋置密实。垫板与支座间平整密贴，支座四周不得有0.3mm的缝隙，严格保持清洁。活动支座的聚四氟乙烯板和不锈钢板不得有刮伤、撞伤。氯丁橡胶板块密封在钢盆内，安装时应排除空气，保持紧密。施工时应注意下列事项：

1）安装前应将支座的各相对滑移面用酒精或丙酮擦洗干净，擦净后在"四氟滑板"的储油槽内注满硅脂类润滑剂并保洁。

2）支座的顶板和底板可用焊接或锚固螺栓接在梁体底面和墩台顶面的预埋钢板上；采用焊接时，应防止烧坏混凝土；安装锚固螺栓时，其外露螺杆的高度不得大于螺母的厚度；支座安装顺序，宜先将上座板固定在大梁上，然后根据其位置确定底盆在墩台的位置，最后予以固定。

3）支座的安装标高应符合设计要求，中心线要与梁的轴线重合；水平最大位置偏差不大于2mm。

4）安装固定支座时，上、下各部件的纵轴线必须对正；安装活动支座时上、下纵轴线必须对正，横轴线应根据安装时的温度与年平均温度的差值，由计算确定其错位的距离；支座的上、下导向挡块必须平行，最大偏差的交叉角不得大于5′。

3.3.3 钢筋

由于钢筋在结构中所起的作用及所处的位置不同，桥梁工程中使用的钢筋存在着使用规格多、成品形状复杂的特点，这就决定了钢筋工艺在桥梁施工中的复杂性和重要性。随着桥梁施工预制装配化的发展，钢筋加工一般集中在钢筋加工厂，实现钢筋加工的专业化，从而有利于提高钢筋加工的机械化程度，同时提高了生产效率，为确保工程质量提供了有利的条件。

1. 准备工作

（1）钢筋的检验与保存。钢筋进场后，应检查出厂试验证明书，若未附有适当的证明文件或对钢筋质量有疑问，应作拉力和冷弯试验。如钢筋需要焊接，需加作可焊性试验，试验应符合下列规定：

1）钢筋试验应分批进行，每批重量不能超过200kN。

2）每批钢筋中取试件9根，其中，3根作拉力试验（确定屈服点、极限强度和伸长率），3根作冷弯试验，3根作电弧焊接工艺试验。

3）作拉力试验时，应同时确定抗拉强度、屈服点和伸长率三个指标。在第一次拉力试验时，如果有一个指标不符合规定，即作为拉力试验项目不合格，应再作拉力试验，重新测定三个指标。第二次试验中，如仍有一个指标不符合规定，不论这个指标在第一次试验中是否合格，拉力试验项目即作为不合格。

4）作冷弯试验时，应按要求将试件绕一定直径的芯棒弯曲至规定角度，其背后不发生裂纹、鳞落、断裂等现象为合格。

5）若有任何一项试验结果不合格，允许重作该项试验，重作试验时应另从其他钢筋中选取试件，试件数量应为第一次试件数量的2倍。第二次的重作试验仍有不合格时，则认为该批钢筋是不合格的。

6）钢筋进场后，应注意妥善保管，钢筋应严格按照钢筋类型、直径大小、钢号、批号等条件分别堆放，不得混淆；不要和酸、盐、油类物品一起存放，以免污染；堆放场地宜选择在地势较高处。

(2) 钢筋的调制。为便于钢筋的运输与保管，钢筋在出厂时，直径10mm以下的Ⅰ级钢筋常卷成盘形，粗钢筋常弯成"发卡"形或截断成8~10m长。因此钢筋在使用前，必须予以调直，然后加工弯制。

钢筋调直的方法常用的有三种：

1）用绞车或卷扬机调直钢筋。将盘形钢筋放开，将其截成30~40m的长度，一端固定，另一端用绞车或卷扬机拉伸，调直钢筋时要控制伸长率不宜大于2%，用这种方法调直钢筋，具有设备简单、操作方便、易控制伸长率等特点，但调直后的钢筋屈服极限上升很少。

2）冷拉调直钢筋。在常温下，对钢筋进行拉伸，使钢筋拉应力超过本身的屈服极限且小于抗拉极限强度。这种方法调直的钢筋，其屈服极限有所上升，并使钢筋有所伸长，所以可以达到节约钢材的目的；同时还可以检验钢筋焊接质量，避免了钢筋在张拉过程中接头突然断裂；并可对钢筋进行除锈工作，简化了加工工序。

3）冷拔调直钢筋。冷拔工艺是以强力拉拔的方法，将直径为6~8mm的Ⅰ级光圆钢筋，在常温下通过比其直径小0.5~1mm的拔丝模，从而抽拔成比原直径小的钢丝。钢筋调直后，塑性降低，呈硬钢性质，无明显的屈服台阶，弹性模量变化不大，但强度提高，从而可以节约钢材30%左右。钢筋冷拔装置如图3-36所示。

2. 钢筋加工

(1) 钢筋接长。钢筋配料中，当长度不能满足需要时，就需将钢筋接长。接长方法有闪光接触对焊、竖向钢筋电渣压力焊接、电弧焊（搭接焊、绑条焊）、螺套及套筒挤压连接和绑扎5种。一般钢筋连接均应使用焊接接头；当结构钢筋特别长，无法运输，可将钢筋用螺套及套筒挤压连接；当焊接有困难时，才可用绑扎接头。

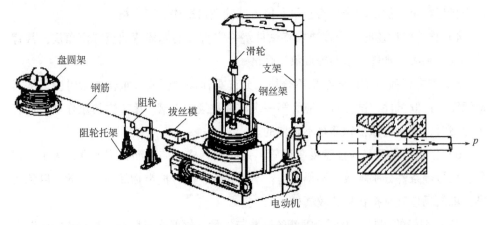

图 3-36　钢筋冷拨装置

（2）钢筋骨架的焊接。为减少在现场的钢筋安装工作，构件内的钢筋宜预先在工厂或工地制成平面或立体骨架，当跨径较大时，可采用分段制成骨架。钢筋骨架的焊接一般采用电弧焊，先焊成单片平面骨架，然后再将平面骨架组焊成立体骨架。制作骨架时应焊接坚固，便骨架有足够的刚度，以便吊装和运输。

为便于骨架焊接，常使用工作台，T形梁单片钢筋骨架工作台如图 3-37 所示。

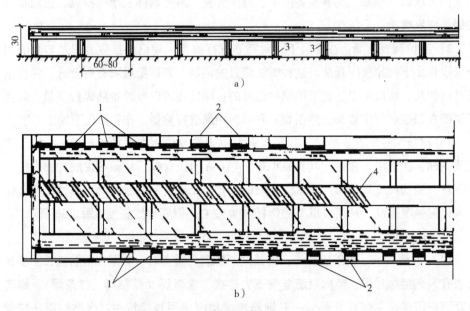

图 3-37　T 形梁单片钢筋骨架拼焊台

a）半立面　b）半平面

1—焊接长度　2—焊接编号　3—小木桩　4—木条

3. 钢筋安装

钢筋安装的顺序可根据钢筋混凝土构件的形状、钢筋配置情况、混凝土浇筑的先后而定，一般可依下列次序进行。

（1）基础钢筋的安装。在安装钢筋之前，先在模板侧壁上以粉笔标明主筋位置，然后将主筋置于基坑底上，其次把分布钢筋每隔 3~4 根安装 1 根，并用钢丝把分布钢筋与主筋紧密绑扎以固定主筋位置，再安装其余的分布钢筋，最后进行全部绑扎工作，如有伸入构件的竖直预留钢筋应绑扎固定。

（2）墩台钢筋安装。桥墩、桥台的钢筋，应事先根据施工图纸在平地预制成钢筋骨架，然后整个安装；有些水下混凝土工程所需安装的钢筋，一般在陆地整体安装后，用起重机械将钢筋骨架整体起吊至模板内；若无起重机械，可将配制好的钢筋在模板内现场绑扎；对于大型桥墩、桥台有时采用边安装钢筋边浇筑混凝土的方法。

（3）上部结构钢筋的安装。上部结构的钢筋一般采用主梁、横梁、副纵梁和桥面板这样的顺序来安装。对有些上部结构可采用预制构件的方法，逐步拼装。钢筋安置法如图 3-38 所示。

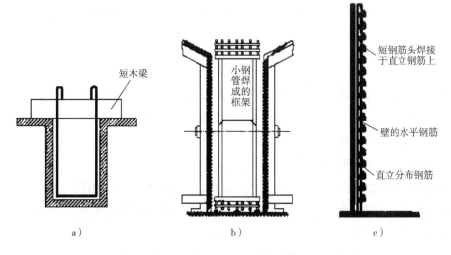

图 3-38　钢筋安置法

a）把钢筋吊在短木梁上　b）用框梁安置上部钢筋
c）在分布钢筋上附加短钢筋头，安置助力壁水平钢筋

（4）其他混凝土构件的钢筋安装。对于桩、立柱和装配式钢筋混凝土构件，通常是预先做好钢筋骨架，然后安装于模板内。

为了加速钢筋安装工作和保证安装质量，可根据结构形状、起重和运输条件，尽可能预先制成立体骨架的平面网,再放入模板内进行绑扎或焊接。制成的骨架应注意有足够的刚度,以便运输和吊装,在钢筋的交叉点最好采用焊接。安装钢筋时,其位置偏差不大于表 3-2 的规定。

表 3-2　钢筋位置允许偏差

检查项目			允许偏差/mm
受力钢筋间距		两排以上排距	±5
	同排	梁、板、拱肋	±10
		基础、锚碇、墩台、柱	±20
		灌注桩	±20
箍筋、横向水平钢筋、螺旋筋间距			0,-20
钢筋骨架尺寸		长	±10
		宽、高或直径	±5
弯起钢筋位置			±20
保护层厚度		柱、梁、拱肋	±5
		基础、锚碇、墩台	±10
		板	±3

3.3.4　桥面铺装

常用的桥面铺装有水泥混凝土和沥青混凝土两类。水泥混凝土面层的耐久性好,但养生期长,维修较麻烦;沥青混凝土面层施工速度快,维修养护方便,但易老化、变形,在引桥纵坡较大处易出现推移、壅包等常见弊病。

1. 水泥混凝土桥面铺装

水泥混凝土桥面铺装施工要经历备料、运料、安装模板、铺设钢筋、摊铺、振捣、接缝施工、表面整修、养护等过程。施工中必须注意振捣要密实,接缝要平整,养护要及时、充分。

混凝土运至施工场地后,均匀卸成若干堆。铲运时采用"扣锹法",禁止抛甩,以减少混凝土出现离析的可能。

振捣时,先用插入式振捣器沿模板边角均匀插捣;然后用平板振捣器对中间部分混凝土振捣,直至混凝土不再下沉;最后用振动梁进行粗平、提浆。

接缝施工是水泥混凝土面层施工的关键,其施工质量极大影响整个铺装层的使用和耐久性。接缝中最多的是缩缝。缩缝通常采用切缝法施工。切缝时要注意时机，使缝口平整，并及时灌注填缝料。

浇筑完后应及时养生。常用养生方法有：覆盖草麻袋、草帘，薄膜覆盖，洒水等。

2. 沥青混凝土桥面铺装

沥青混凝土桥面铺装施工包括：混合料的制备、运输、摊铺、碾压、养生等步骤。施工中必须注意控制好混合料各阶段的温度、碾压的密实度、面层的平整度和抗滑性等关键技术和指标。

沥青面层宜采用高温稳定性好的中粒式热拌热铺沥青混凝土铺筑。

沥青混凝土摊铺时应控制环境温度在10°C以上。混合料各阶段温度控制在规范允许范围内。

摊铺后要及时碾压。碾压不得采用大型振动压路机，以免破坏桥梁结构。压路机行驶速度要缓慢、均匀，在纵坡较大的地方不允许急转和刹车。

碾压成形后，必须待沥青温度降至50°C以下方可开放交通。

沥青桥面铺装工程质量标准见表3-3。

表3-3 沥青桥面铺装工程质量标准

检查项目	检查频度	允许偏差		检查方法
		高速公路、一级公路、城市快速路、主干路	其他公路与城市道路	
厚度	每100m，2点	0～10mm		挖坑用尺量
平整度（标准差）	连续测定	1.8mm	2.5mm	用3m平整度仪测量
平整度（最大间隙）	连续测定	3mm	5mm	用3m直尺量
宽度	每100m，10点	0～5mm		用尺量
压实度	每100m，2点	96%		挖坑用尺量
横坡	每100m，10点	±0.3%		用水准仪测量
中线高程	每100m，10点	0～10mm		用水准仪测量

3.3.5 桥梁伸缩装置

1. 基础知识

在气温变化、混凝土徐变及收缩、汽车动荷载作用、桥梁墩台的沉降及梁体长度变化等因素影响下，桥梁构造会产生变形，从而使梁端产生位移。为适用这种位移并保持桥上行驶车辆的平顺性，保证行车安全、舒适，就需要在桥面上的两梁端之间以及梁端与桥台背墙之间设置伸缩缝（亦称为变形缝）。桥梁伸缩装置是桥梁梁端之间的重要连接部件，对桥梁端部伸缩及防水性能起重要作用，其质量和性能将直接影响整座桥梁的耐久性。

伸缩装置的构造应满足下列要求：

1）在平行、垂直于桥梁轴线的两个方向，均能自由伸缩。

2）装置本身及其与结构的连接牢固可靠。

3）车辆驶过时应平顺，无突跳与噪音。

4）可防止雨水和垃圾泥土渗入阻塞。

5）安装、检查、养护、清污均简易方便。

2. 伸缩装置分类

到目前为止，公路桥梁和城市桥梁工程上使用的伸缩装置种类很多，要把这些伸缩装置很明确地加以划分是相当困难的。常见的桥梁伸缩装置按结构和材料组成可分为梳形钢板伸缩装置、橡胶伸缩装置、模数式伸缩装置、弹塑体材料填充式伸缩装置、复合改性沥青填充式伸缩装置等几类。

（1）梳形钢板伸缩装置。梳形钢板伸缩装置设计允许伸缩量为 40～1000mm，适用于各种不同梁体结构、不同跨度的新建桥梁和老桥改建，伸缩量大，使用范围广。装置整体结构高度为 30～40mm，不用改变原梁端结构，浅埋设就能达到有效的锚固强度。另外由于结构的特殊处理，梳齿伸缩间隙位于单侧梁的端面上，同时梳形底面有不锈钢滑板垫层，灰渣和硬物只能留在表面，这样能借助梳形钢板的伸缩过程和车辆行驶的作用，自动将灰渣、硬物排出伸缩间隙，从而不会造成堵塞，不需人工清理，不影响梁体的正常伸缩。

梳形钢板伸缩装置的构造图如图 3-39 所示，它是将钢板做成梳齿状，跨越伸缩缝间隙后搭在另一端预埋钢板上，伸缩量达 40mm 以上。这种装置结构本身刚度较大，抗冲击力强，因此在中、大跨桥梁中广泛采用。其缺点是防水性稍差，影响使用效果，也较费钢材。

（2）橡胶伸缩装置。橡胶伸缩装置是以橡胶带作为跨缝材料，可分为橡胶带（板）伸缩缝和组合伸缩缝两类，橡胶伸缩缝如图 3-40 所示。通常使用氯丁橡胶制成具有两个或三个圆孔的橡胶带伸缩缝。当梁架好后，在梁端面预埋件上焊上角钢，涂上胶后，将此橡胶带嵌入即可。橡胶带富有弹性，易于胶粘，因此能满足变形与防水的要求，且又是厂制成品，使用也很方便。这种伸缩缝构造虽然不复杂，但目前还不适应较大变形量要求，仅用于伸缩量要求为 20～60mm 的工程，一般用于低等级公路中、小跨桥梁。

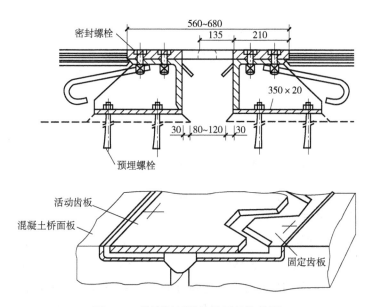

图 3-39 梳形钢板伸缩装置的构造图

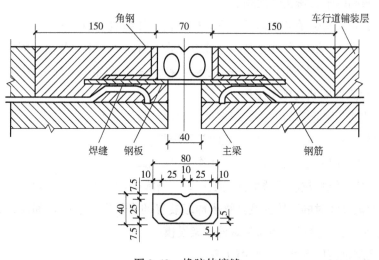

图 3-40 橡胶伸缩缝

（3）复合改性沥青填充式伸缩装置。伸缩体由复合改性沥青及碎石混合而成，填充于伸缩缝内，称为复合改性沥青填充式伸缩装置，如图 3-41 所示。它适用于伸缩量小于 50mm 的中、小跨公路桥梁工程，适用温度为 -30~70℃。复合改性沥青应符合产品有关规定，其加热熔化温度要控制在 170℃ 以内。

不管采用哪种伸缩装置，都要满足自由伸缩、平坦牢固、施工方便、排水防水

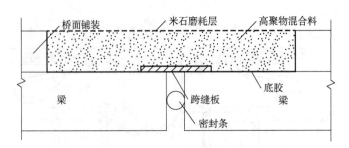

图 3-41 复合改性沥青填充式伸缩装置示意图

好、承担荷载强、维修方便、经济价廉等要求。

3. 伸缩装置安装施工工序

伸缩装置（简称伸缩缝）安装按照施工顺序可分为："先装缝后铺路"和"先铺路后装缝"两种工艺。"先铺路后装缝"的安装工艺为：首先在桥梁伸缩缝处先行铺筑沥青路面，待压路机充分压实达到通车条件后，再切除伸缩缝部位的路面并安装伸缩缝。这一工艺较"先装缝后铺路"工艺更能保证伸缩缝的平顺，能克服临近伸缩缝两侧的不易密实的问题。

（1）梳形钢板伸缩装置施工工序。梳形钢板伸缩装置的施工工序为：桥面整体铺装──→切缝──→槽缝表面清理──→将构件放入槽内──→用定位角钢固定构件位置及高程──→布设、焊接锚固钢筋──→浇筑混凝土──→拆除定位角钢──→混凝土养生。

（2）橡胶伸缩装置施工工序。

橡胶伸缩装置施工的方法有很多种，大致步骤如下：

1）梁吊装就位后，检查梁端缝隙及预埋件。

2）在梁端缝隙上加盖板，防止杂物掉进梁端缝隙。

3）用切缝机将过渡段桥面铺装层切开，清除杂物，用泡沫塑料将梁缝填塞满。

4）根据安装时的环境温度计算出伸缩装置的模板宽度和螺栓间距，在槽口预埋钢板上安装、焊接锚固钢筋和螺栓，架设模板。

5）浇筑过渡段混凝土，混凝土养生。

6）将混凝土表面找平，经清洁后，涂防水胶粘材料，嵌入橡胶板，用螺帽拧紧，在螺栓孔内灌注防腐剂（沥青或牛油），盖上螺母盖。

（3）复合改性沥青填充式伸缩装置施工工序。

1）按设计图纸预留或切割槽口，并对槽口作好清理工作。

2）在伸缩缝间隙填入泡沫嵌条。

3）采用跨缝板盖住缝口，在跨缝板中央位置钉入定位铁钉。

4）采用热黏合剂均匀涂刷槽壁一遍，把调配、加热好的弹性混合料浇入槽口。

5）在热混合料上面铺一层米石作为磨耗层，压实、冷却后可开放交通。

该伸缩装置的使用性能受混合料配比和施工质量的影响很大，通常要由专业施工队伍施工。

3.3.6 防水层

桥面的常用构造层有铺装层、防水层，桥面铺装构造层示意图如图3-42所示。

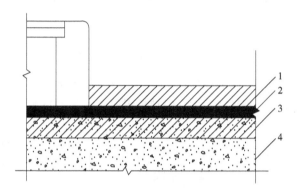

图3-42 桥面铺装构造层示意图
1—铺装层 2—防水层 3—钢筋混凝土桥面板 4—主梁

防水层设置在铺装层下，可以防止雨水渗入主梁中引起钢筋的锈蚀。常用的防水层有：卷材防水层、涂料防水层、水泥砂浆防水层等。

防水层施工前应保持桥面板平整、干燥、清洁。在桥面板上预先撒布粘层沥青或涂刷冷底子油，使其与防水层紧密相连。

铺贴沥青卷材时，除预制梁拼缝两侧5~10cm范围内不粘贴外，均应用胶粘剂或防水涂料将卷材与基面密贴，并用滚筒碾平压实。应沿水流方向将上层卷材压住下层卷材，上、下层的搭接缝应错开半幅，纵缝搭接长度应为8~10cm，横缝搭接不应少于10cm。接缝处应填充接缝材料。相邻两幅横缝错开的距离应大于每卷长度的1/3。

涂料防水层是以涂刷各种高分子聚合物防水涂料以形成防水层。防水涂料的配合比应按照设计规定或涂料说明书执行。配制时应搅拌均匀。防水涂料可用手工涂刷或喷涂，要求厚度应均匀一致。第一层涂料涂刷完毕，必须干燥结膜后方可涂刷下一层，一般涂刷2~3层。如涂料防水层中夹有各类纤维布时，应在涂刷一遍涂料后，逐条紧贴纤维布。要求使涂料吃透布料，不得起鼓、翘边、皱折。

为防止损伤防水层,宜在防水层上铺设保护层。保护层可采用沥青砂或单层沥青表面铺筑。

3.4 大跨径桥梁施工

3.4.1 斜拉桥施工

1. 基础知识

斜拉桥总体上由塔、梁、索三部分构成。用高强钢材制成的斜缆索将主梁多点吊起,并将主梁的恒载和车辆荷载传至塔柱,再通过塔柱基础传至地基。其主要特点是主梁建筑高度低,跨越能力大。斜拉桥组成图如图3-43所示。

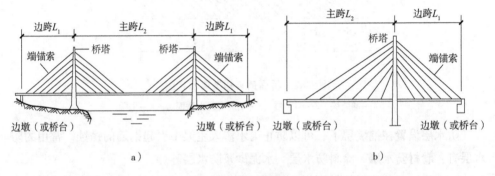

图3-43 斜拉桥组成图
a) 双塔(三跨式) b) 独塔(双跨式)

索面布置:斜缆索沿桥纵向最常用的布置形式有辐射形、扇形、竖琴形和星形。沿桥的横向一般分为单索面、双索面。

(1) 斜拉桥类型。按主梁材料可分为:钢斜拉桥、混凝土斜拉桥、钢—混凝土结合梁斜拉桥以及混合型斜拉桥;按主梁跨数分为:独塔双跨、双塔三跨和多塔多跨等。

(2) 斜拉桥约束体系。斜拉桥的约束体系一般分为全固结体系、全漂浮体系、半漂浮体系。

全固结体系:全固结体系是指塔、梁、墩三者刚性固结,一般独塔或单索面的混凝土斜拉桥较常采用,以提高全桥整体刚度。

全漂浮体系：全漂浮体系是指主梁与主塔交接处的主梁底板不设任何竖向或水平约束。采用该体系可有效减小主梁负弯矩，但主梁施工过程中需要进行体系转换，工序繁杂。

半漂浮体系：半漂浮体系介于上述两种之间，一般主梁竖向设置刚性支撑，纵向放松或设置弹性水平约束。

2. 梁体施工方法

斜拉桥的主梁制作与安装几乎可采用任何一种梁式桥的施工方法，采用何种施工方法，要根据桥梁的结构特点、施工技术、施工设备、现场条件、施工成本等因素综合分析确定。下面介绍几种常用的施工方法。

（1）悬臂法。悬臂法是架设大跨径斜拉桥主梁最常用的方法，如图3-44所示。

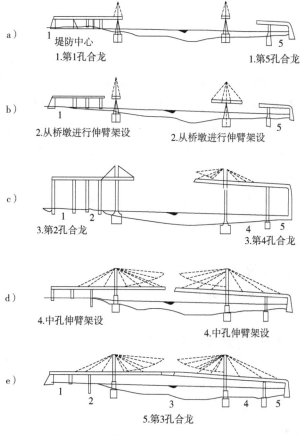

图3-44 悬臂法

悬臂拼装施工流程如下：

1）基础及塔墩施工；主梁节段预制。

2）搭设主梁 0 号块施工膺架，完成主梁 0 号块施工，并在其顶面拼装架梁起重机。

3）利用桥面架梁起重机，对称悬臂拼装主梁节段，混凝土梁需张拉主梁预应力（钢梁需安装连接螺栓）。

4）对称挂设张拉斜拉索。

5）进行索力、主梁线形、主塔偏位及应力测试，根据测试结果分析判断是否需要进行调索。

6）重复上述步骤直至边跨合龙，期间可根据现场测试结果，决定是否需要进行全桥调索。

7）继续重复上述步骤，直至最后，至此对斜拉索张拉完成。

8）主跨合龙。

(2) 支架法。支架法是一种经典施工方法，当桥梁跨度或规模不大，桥下净空不高，位于岸上或水深较浅、不通航的河段，一般可采用支架法施工。主梁在支架上浇筑完毕，开始挂设斜拉索。该方法可根据需要多点开工，方便快捷。

(3) 顶推法。顶推法施工与连续梁所用的顶推法大致相同，当然，要增加索塔与拉索的制作、安装工作。在钢斜拉桥的施工中，有将完成的整座结构（指索塔与梁固结的形式）一起顶推的成功经验，特别是将主梁节段用滚轴或聚 CF2 板顶推已有许多实例。

(4) 平转法。平转法与拱桥中采用的平转法相似，即是将上部结构分为两半，在沿河岸顺河流方向的矮支架上制作，然后以桥墩为圆心旋转到桥位合龙。此法修建的斜拉桥跨径不大，其施工工序如下：

①建造主墩与上下转盘并试转。

②在岸上浇筑或拼装全桥的主梁。

③浇筑索塔。

④安装拉索，张拉并调高程与拉力。

⑤平转就位。

⑥校核高程，必要时再作最后调整。

⑦封填转盘。

3. 斜拉索施工

(1) 施工工艺流程。运索至桥面——塔式起重机放索——安装塔端冷铸锚头、连接器、牵引杆——安装梁端冷铸锚、连接器、张拉杆——塔式起重机吊塔端索、固定就位──→塔式起重机、卷扬机吊梁端索固定就位──→安装张拉设备（千斤顶标定）──→梁上斜拉索张拉（测桥面高程、塔柱偏位）──→监测索力──→调整索力──→测桥面高程、塔柱偏位──→预测下段立模高程，支模。

（2）施工准备

①需提前加工施工所用的放索盘、小平车、索夹、张拉杆、牵引杆、张拉杆螺母、牵引杆螺母等挂索附属设备。

②放置好5t卷扬机及穿好转向滑轮和动滑轮。

③对索导管内水泥砂浆焊孔处毛刺进行清除打磨。

④清除锚板上的砂浆、焊渣等，保证锚固螺母与锚板能紧密连接。

（3）展索。成品索在工厂上盘后，由汽车运到施工现场，塔式起重机吊至桥面，斜拉索盘放置在自制的放索盘上。塔式起重机吊钢丝绳将梁上张拉端冷铸锚头部从索盘上抽出，锚头处缠包的包装物应清除，清理防护油脂，将锚具螺母旋到头，检查旋转是否自如，然后将锚具螺母退出，装上吊具。索头抽出后，放置并固定在自制小车上。展索如图3-45所示。

图3-45　展索

（4）挂索。首先挂塔上锚固端。先用索夹夹住斜拉索，夹具内垫10mm厚橡胶皮，索夹离锚头6～8m距离。塔式起重机吊住索上升。当前端引进杆靠近索导管口处，用导链拉住斜拉索。在向塔内牵引时，塔外脚手架上人员应仔细观察，指挥塔上吊点，调整好张拉杆的锚头入射角，避免碰坏锚头外螺纹和PE套。

在索导管锚箱垫板处沿索导管口方向设置一个三角撑。并用导链拉住麻绳，顺索导管向下。当牵引杆头离索导管50cm处时再进入放下，通过索导管放下的麻绳拴住牵引杆，人工用导链拉住绳子。在牵引杆快进索导管时，应用人工辅助牵引杆，使与冷铸锚头连接的牵引杆顺利进入索导管，挂索过程中塔式起重机应随着索的上升而跟进。

（5）张拉。张拉斜拉索在梁上进行，待8根索挂设好后即可进行张拉工作。张拉工作平台为梁上支架上的平台。

①由指挥者发出信号，8根索同时张拉，分10级张拉，每级为10%，同时张拉。

②在张拉过程中，技术人员应注意情况变化，若发生异常及时报告，马上处理，以免造成事故。

③张拉完毕后，上紧螺母，油泵回油，然后监控小组测索力，决定对索力是否进行调整。

④若不能及时决定是否调整索力，则千斤顶卸载油泵回油至5MPa，以防千斤顶反力架与索导管轴心偏移。

3.4.2 悬索桥施工

1. 基础知识

悬索桥指的是以通过索塔悬挂并锚固于两岸（或桥两端）的缆索（或钢链）作为上部结构主要承重构件的桥梁。从缆索垂下许多吊杆，把桥面吊住，在桥面和吊杆之间常设置加劲梁，同缆索形成组合体系，以减小荷载所引起的挠度变形。悬索桥主要由主缆、吊索、梁、塔、鞍座和锚碇组成。以主缆为主要支撑结构，主缆承受拉力。悬索桥为目前跨越能力最大的桥型，以悬吊的主梁孔跨数划分，主要有双塔单跨式、双塔两跨式、双塔三跨式及多塔多跨式等类型，其中以双塔三跨式较为常见，悬索桥示意图如图3-46所示。

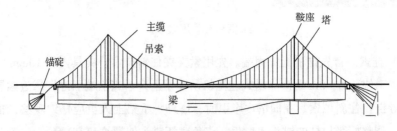

图3-46 悬索桥示意图

2. 悬索桥特点

1）相对于其他桥梁结构，悬索桥可以使用比较少的物料来跨越比较长的距离。

悬索桥可以造得比较高，允许船在下面通过，在造桥时没有必要在桥中心建立暂时的桥墩，因此悬索桥可以在比较深或比较急的水流上建造。

2）悬索桥比较灵活，因此适用于大风和地震区，如果采用比较稳定的桥，在这些地区这些桥就必须设计得更加坚固和沉重。

3）悬索桥的坚固性不强，在大风情况下交通必须暂时被中断。

4）悬索桥不宜作为重型铁路桥梁。

5）悬索桥的塔架对地面施加非常大的力，因此假如地面本身比较软的话，塔架的地基必须非常大，这将相当昂贵。

6）悬索桥的悬索锈蚀后不容易更换。

3. 悬索桥的施工

悬索桥的施工主要分四部分：主塔施工、鞍部施工、主梁施工和索部施工。

（1）主塔施工。悬索桥一般主塔较高，塔身大多采用翻模法分段浇筑，在主塔连结板的部位要注意预留钢筋及模板支撑预埋件。对于索鞍孔道顶部的混凝土要在主缆架设完成后浇筑，以方便索鞍及缆索的施工。主塔的施工控制主要是垂直度监控，每段混凝土施工完毕后，在第二天早晨 8:00 至 9:00 间温度相对稳定时，利用全站仪对塔身垂直度进行监控，以便调整塔身混凝土施工，应避免在温度变化剧烈时段进行测试，同时随时观测混凝土质量，及时对混凝土配合比进行调整。

（2）鞍部施工。检查钢板顶面标高，符合设计要求后清理表面和四周的销孔，吊装就位，对齐销孔使底座与钢板销接。在底座表面进行涂油处理，安装索鞍主体。索鞍由索座、底板、索盖部分组成，索鞍整体吊装和就位困难；可用起重机或卷扬设备分块吊运组装。索鞍安装误差控制在横向轴线误差最大值 3mm、标高误差最大值 3mm。吊装入座后，穿入销钉定位，要求鞍体底面与底座密贴，四周缝隙用油填实。

（3）主梁施工。主梁混凝土的浇筑同普通桥一样，首先梁体标高的控制必须准确，要通过精确的计算预留支架的沉降变形；其次，梁体预埋件的预埋要求有较高的精度，特别是拉杆的预留孔道要有准确的位置及良好的垂直度，以保证在正常的张拉过程中拉杆始终位于孔道的正中心。

主梁浇筑顺序应从两端对称向中间施工，防止偏载产生的支架偏移，施工时以水准仪观测支架沉降值，并详细记录。待成型后立即复测梁体线型，将实际线型与设计线型进行比较，及时反馈信息，以调整下一步施工。

(4) 索部施工

1) 主缆架设。根据结构特点,主缆架设可以采取在便桥或已浇筑桥面外侧直接展开,用卷扬机配合长臂汽车式起重机从主梁的侧面起吊安装就位。

缆索的支撑:为避免形成绞,将成圈索放在可以旋转的支架上。在桥面每隔4~5m,设置索托辊(或敷设草包等柔性材料),以保证索纵向移动时不会与桥面直接摩擦造成索护套损坏。因锚端重量较大,在牵引过程中采用小车承载索锚端。

缆索的牵引:牵引采用卷扬机,为避免牵引钢丝绳过长,索的纵向移动可分段进行,索的移动分三段,分别在两座桥塔和索终点共设三台卷扬机。

缆索的起吊:在塔的两侧设置导向滑车,卷扬机固定在引桥桥面上主桥索塔附近,卷扬机配合放索器将索在桥面上展开。主要用起重机起吊,提升时避免索与桥塔侧面相摩擦。当索提升到塔尖时将索吊入索鞍。在主索安装时,在桥侧配置了3台起重机,即锚固区提升起重机、主索塔顶就位起重机和提升倒链。

当拉索锚固端牵引到位时,用锚固区提升起重机安装主索锚具,并一次锚固到设计位置,起重机起重力在5t以上;主索塔顶就位起重机是在两座塔的两侧安置提升高度大于25m时起重力大于45t的汽车式起重机,用于将主索直接吊上塔顶索鞍就位,在吊装过程中为避免索的损伤,索上吊点采用专用索夹保护;主索在提升到塔顶时,由于主跨的索段比较长,为确保起重机稳定,可在适当的时候用塔上提升倒链协助吊装。

2) 主缆调整。在制作过程中要在缆上进行准确标记。标记点包括锚固点、索夹、索鞍及跨中位置等。安装前按设计要求核对各项控制值,经设计单位同意后进行调整,按照调整后的控制值进行安装,调整一般在夜间温度比较稳定的时间进行。调整工作包括测定跨长、索鞍标高、索鞍预偏量、主索垂直度标高、索鞍位移量以及外界温度,然后计算出各控制点标高。

主缆的调整采用75t千斤顶在锚固区张拉。先调整主跨跨中缆的垂直标高,完成索鞍处固定。调整时应参照主缆上的标记以保证索的调整范围。主跨调整完毕后,边跨根据设计提供的索力将主缆张拉到位。

3) 索夹安装。为避免索夹的扭转,索夹在主索安装完成后进行。首先复核工厂所标示的索夹安装位置,确认后将该处的PE护套剥除。索夹安装采用工作篮作为工作平台,将工作篮安装在主缆上(或同普通悬索桥一样搭设猫道),承载安装人员在其上进行操作。索夹起吊采用汽车式起重机,索夹安装的关键是螺栓的坚固,要分两次进行。索夹安装就位时用扳手预紧,然后用扭力扳手第一次坚固,吊杆索力加载完毕后用扭力扳手第二次紧固。索夹安装顺序是中跨从跨中向塔顶进行，边跨从锚固点附近向塔顶进行。

4）吊杆安装及加载。吊杆在索夹安装完成后立即安装。小型吊杆采用人工安装，大型吊杆采用起重机配合安装。

由于自锚式悬索桥在荷载的作用下呈现出明显的几何非线性，因此吊杆的加载是一个复杂的过程。主缆相对于主梁而言刚度很小。如果吊杆一次直接锚固到位，无论是张拉设备的行程或者张拉力都很难控制而全桥吊杆同时张拉调整在经济上是不可行的。

3.5 涵洞工程施工技术

涵洞是公路或铁路与沟渠相交的地方使水从路下流过的通道，作用与桥相同，但一般跨径较小。桥与涵洞技术上是以跨径为划分标准的，跨径大于5m称为桥，小于或等于5m则称为涵洞。

由于涵洞是处于自然环境和行车荷载的作用下，设计时除了应满足行车、排水、净空等要求外，还必须具备如下特点：满足排泄洪水能力；具有足够的整体强度和稳定性；具有较高的可靠性和耐久性。

3.5.1 圆管涵、箱涵

1. 圆管涵基础知识

圆管涵由洞身及洞口两部分组成，圆管涵构造如图3-47所示。洞身是过水孔道的主体，主要由管身、基础、接缝组成。洞口是洞身、路基和水流三者的连接部位，主要有八字墙和一字墙两种洞口形式。

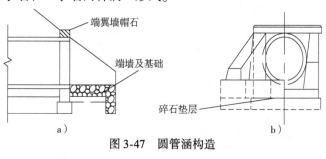

图3-47 圆管涵构造

a）涵洞中心纵断面 b）洞口立面

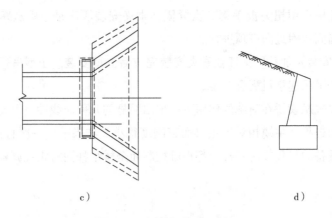

图 3-47 圆管涵构造（续）
c）涵洞中心平面 d）翼墙剖面

圆管涵的管身通常由钢筋混凝土构成，管径的大小根据排水要求选择，最小填土厚度为50cm，受力情况良好，圬工数量小，造价较低。圆管涵节多为工厂、现场集中预制，再运至工点铺设，预制长度通常为2m。在有条件集中预制和运输比较方便的地段多采用钢筋混凝土圆管涵。对已经运营的铁路增建涵洞时，采用"圆涵"，可用顶入法施工，不影响正常运行。

2. 圆管涵施工工艺流程

圆管涵施工工艺流程示意图如图 3-48 所示。

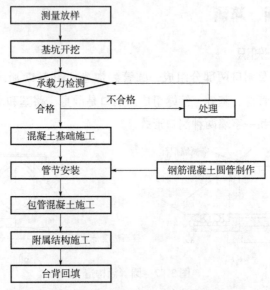

图 3-48 圆管涵施工工艺流程示意图

3. 圆管涵施工步骤

（1）测量放样。开挖前由测量组对圆管涵的桩号、角度和底标高与设计图纸进行认真核对。无误后，再根据设计图纸进行施工放样，测量原地面高程，计算开挖深度，放出开挖边线。

（2）基坑开挖。基坑开挖前根据地下水位情况考虑降水，在涵洞周边布设砂管井，管径不得小于30cm，降水井深度应大于基坑开挖深度6～8m，间距不超过5m。降水井完成后，用大功率水泵24h不间断抽水。当降水时间不少于3d时，为保证降水不对施工造成影响，输水带应放在地面下的波纹管中。

按放样的边线进行基坑开挖，超过5m的深基坑报专项施工方案，经监理批准后方可施工。深基坑施工时严格按照监理批复的施工方案开挖放坡并设台阶，开挖出的土方应及时外运，以免两边土压力增加而导致开挖面坍陷。机械开挖应防止超挖，机械开挖至标高20cm左右，并应用人工修平。

（3）基础施工。基础开挖完成后进行基底允许承载力检测，允许承载力不低于设计值，符合设计要求后按照设计高程进行基地平整。

浇筑混凝土基础前，必须对中心桩位进行复测，检查基坑底的标高和基础底部的平整度。合格后，方可在管身端部铺筑30cm、在管身中部铺筑10cm的砂垫层，砂垫层必须压实，确保厚度、顶面标高和平整度达到要求。

砂垫层铺筑好后，即可安装基础模板，模板采用木模板，模板安装时必须保证模内尺寸和中线偏位。基础分两次浇筑，第一次浇筑至管节底部位置，第二次待管节安装后再浇筑管底以上部分。

（4）钢筋混凝土圆管的制作。管节由监理认可的预制厂制作。管节所用钢筋和混凝土满足图纸和规范要求，管节所用混凝土及原材料满足规范与设计要求。钢筋混凝土圆管成品满足设计规范与要求。

（5）管节安装。安装管节前，管节应凿毛并检查管基顶面标高和平整度，并进行中线放样，之后在管基上弹出墨斗线与每节管节的位置。管节安装必须严格按放样线进行，同时控制管节相接处的错口。

安放管节采用人工配合起重机安装的方式，安装时从下游开始，使接头面向上游，每节涵管应紧贴于基座上，让管节受力均匀，所有管节应按正确的轴线和图纸所示坡度敷设，敷设时保证内壁整齐。

（6）端墙、八字墙砌筑。管节安装好后，即可砌筑端墙和八字墙。

砂浆采用机械拌和，计量要准确，应具有适当的流动性和良好的和易性。片石应分层砌筑,宜以2~3层砌块组成一个工作层,每一工作层的水平缝大致找平。中途停工时,石块缝隙内应填满砂浆,但该层上表面须待继续砌筑时再铺砂浆。砌至设计高度时,应使用平整的大石块压顶并用水泥砂浆全面找平。各工作层竖缝应相互错开,不得贯通。

(7)台背回填。完成上道工序并通过监理验收后,应及时地进行回填。宜采取两侧对称地分层,使用6%的石灰土回填,压实度≥96%。

每层的填筑厚度(每层厚度不大于25cm):台背回填材料运至现场经监理验收后,严格地按每层的松铺厚度压实,压路机碾压不到的局部采用小型压实机具夯实。

4. 箱涵基础知识

箱涵的盖板及涵身、基础是用钢筋混凝土浇筑起来的一个整体,可用来排水、供人及车辆通过。箱涵适用于软土地基,但造价相对高。

5. 箱涵施工工艺流程

箱涵施工工艺流程示意图如图3-49所示。

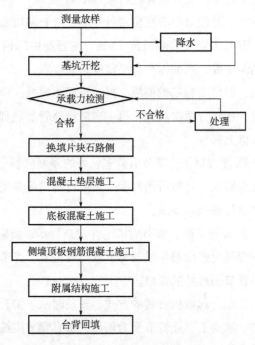

图3-49 箱涵施工工艺流程示意图

6. 箱涵施工步骤

(1)测量放样。开挖前由测量队对涵洞的桩号、角度及底标高与设计图纸进行认真核对。无误后,根据设计图纸进行施工放样,测量原地面高程,计算开挖深度,放出开挖边线。

(2)基坑开挖。按放样的边线进行基坑开挖,超过5m的深基坑报专项施工方案,经监理批准后方可施工。深基坑施工时严格按照监理批复的施工方案开挖放坡并设台阶,开挖出的土方应及时外运,并做好基坑防护工作。

(3)片块石换填。基础开挖完成后进行基底允许承载力检测,允许承载力不低于设计值且符合设计要求后按照设计高程进行基底整平,然后按设计厚度进行片块石回填。片块石顶部用碎石灌缝,整平密实后方可进行下一步工序。

(4)混凝土垫层施工。模板采用现场加工制作的方式,使用竹胶板,要求表面平整光滑、接缝严密,不漏浆,模板支撑要牢固,立模前必须在与混凝土接触面的部位涂刷脱模剂。

垫层混凝土的标号为C25,设计厚度为10cm。混凝土采用拌和站集中拌和,混凝土"罐车"运送到现场,起重机配合料斗混凝土装入模板中。采用插入式振捣棒振捣。要注意沉降缝的保护,必须使沉降缝模板竖直且在水平方向顺直。振捣完成后,由专人根据设计高程进行找平并收面,确保混凝土表面平整,以便于涵身底板模板的安装。

(5)钢筋混凝土底板施工

1)测量放样。采用GPS在基础上放出箱涵底板四个角的位置,并用墨斗精确弹出箱涵的底板边线。

2)涵身底板钢筋加工及安装。钢筋要根据设计图纸和基础沉降缝的设置进行加工,涵身沉降缝贯穿整个涵身,沉降缝控制在1~2cm,缝内用沥青麻絮填塞。

3)涵身底板模板制作安装。模板采用现场加工制作的方式,使用竹胶板,其表面平整光滑、接缝严密,不漏浆,模板支撑要牢固,立模前必须在与混凝土接触面的部位涂刷脱模剂。涵身底板安装如图3-50所示。

4)涵身底板混凝土浇筑。涵身底板混凝土的标号为C30,设计厚度为55cm。混凝土采用拌和站集中拌和,混凝土"罐

图3-50 涵身底板安装

车"运送到现场，起重机配合料斗将混凝土装入模板中。采用插入式振捣棒振捣。要注意沉降缝的保护，必须使沉降缝模板竖直且水平方向顺直。混凝土表面应平整，以便于涵身底板模板的安装。涵身底板混凝土浇筑如图3-51所示。

（6）钢筋混凝土涵身、顶板施工。

1）采用GPS在涵身底板上放出箱涵腹板控制点，并用墨斗精确弹出箱涵的腹板内边线。

2）涵身腹板、顶板钢筋加工及安装。钢筋要根据设计图纸和基础沉降缝的设置进行加工，涵身沉降缝贯穿整个涵身，沉降缝控制在2cm，缝内用沥青麻絮填塞。

3）涵身腹板、顶板模板制作安装。墙身采用搭支架、支模板现浇施工。模板立模采用钢模板，顶模采用竹胶板，其表面平整光滑、接缝严密，不漏浆，模板支撑要牢固，立模前必须在与混凝土接触面的部位涂刷脱模剂。

图3-51 涵身底板混凝土浇筑

在腹板钢筋绑扎完成后，支好箱涵涵身内模。在涵身腹板、顶板钢筋全部绑扎完后，安装腹板外模。模板支护要牢固，腹板内、外模要设拉杆和支撑，并对对拉丝模板缝隙进行检查，防止漏浆，以控制截面尺寸及平整度。

4）涵身腹板、顶板混凝土浇筑。涵身腹板、顶板混凝土的标号为C30。混凝土采用拌和站集中拌和，混凝土"罐车"运送到现场。由于混凝土方量较大，为减少浇筑时间，采用泵车浇筑。混凝土浇筑完后应及时覆盖，并保持其表面湿润，养护时间不得少于7d。要注意沉降缝的保护，必须使沉降缝模板竖直且水平方向顺直。混凝土浇筑完后应及时洒水养生，并保持其表面湿润，按规范要求制作混凝土试块检测强度。

安装好的箱涵模板如图3-52所示。

图3-52 安装好的箱涵模板

3.5.2 盖板涵、拱涵

1. 盖板涵基础知识

盖板涵构造简单、受力明确、施工方便，主要由盖板、涵台及基础等部分组成。盖板涵与单跨简支板梁桥的结构形式基本相同，只是盖板涵的跨径较小。盖板涵多采用钢筋混凝土，由于钢筋混凝土盖板涵建筑高度低，适于低路基地段使用，一般用作明涵。在超高、加宽的曲线路面上设置盖板明涵时，由于施工比较烦琐，所以可做成低填土的盖板明涵；当洞身较短时，也可以调整桥台及桥面上的铺装高度，以适应纵坡和超高的要求。

2. 盖板涵施工工艺流程

盖板涵施工工艺流程示意图如图 3-53 所示。

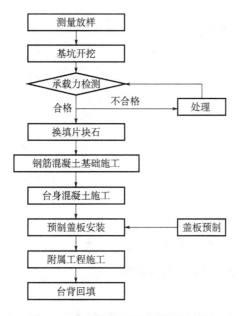

图 3-53 盖板涵施工工艺流程示意图

3. 盖板涵施工步骤

（1）测量放样。开挖前由测量队对盖板涵的桩号、角度和底标高与设计图纸进行认真核对。无误后，再根据设计图纸进行施工放样，测量原地面高程，计算开挖深度，放出开挖边线。

（2）基坑开挖。基坑开挖前根据地下水位情况考虑降水，在涵洞周边布设砂管井，管径不小于50cm，降水井深度应大于基坑开挖深度6~8m，间距不超过5m。降水井完成后，用大功率水泵24h不间断抽水。降水时间不少于3d时，为保证降水不对施工造成影响，输水带应放在地面下的波纹管中。

按放样的边线进行基坑开挖，超过5m的深基坑报专项施工方案，经监理批准后方可施工。深基坑施工时要严格按照监理批复的施工方案开挖放坡并设台阶，开挖出的土方应及时外运，并做好基坑防护工作。盖板涵基坑开挖如图3-54所示。

（3）换填片块石。基础开挖完成后进行基底允许承载力检测，允许承载力不低于设计值（120kPa）。符合设计要求后再按照设计高程进行基底整平，然后按设计厚度进行片块石回填。片块石顶部用碎石、铣刨料等细粒材料灌缝，整平密实后方可进行下一步工序。片块石换填如图3-55所示。

图3-54 盖板涵基坑开挖

图3-55 片块石换填

（4）基础施工。按照设计图纸尺寸数量绑扎钢筋。按基础的几何尺寸在四周立好模板并加固定。模板采用竹胶板。基础顶面整平压实抹光，墙身处的混凝土进行凿毛。浇筑基础时注意预埋墙身防裂钢筋。

（5）墙身台帽施工

1）墙身、台帽模板采用竹胶板，背楞竖向采用方木，间距25cm，横向背楞采用双拼钢管，上下间距50cm，对拉螺杆采用两端"车丝"，每端用双层蝴蝶卡或2cm厚钢垫片固定。模板内、外侧用方木或钢管支撑。

2）混凝土拌和运输。混凝土拌和按实验室提供的施工配合比由搅拌站集中拌和后，再由混凝土"罐车"运输至工地。

3）混凝土浇筑。浇筑混凝土前，应对模板、支撑、钢筋等进行全面认真检查，模板内的杂物，积水和钢筋上的污垢必须清理干净。混凝土浇筑采用泵车或汽车式起重机吊运配料斗。在浇筑涵身时，混凝土应按一定厚度、顺序和方向分层左右对称浇筑，应在下层混凝土初凝或能重塑前浇筑完成上层混凝土。混凝土分层浇筑厚度在 30cm 左右。浇筑混凝土期间，应安排专人检查支架、模板、钢筋等的稳固情况，若发现有松动、变形和移位，应及时处理。

4）混凝土养护。混凝土的洒水养护时间一般为 7d，每天洒水次数以保持混凝土表面经常处于湿润状态为宜。

5）支架模板的拆除。浇筑完成后，必须让混凝土的强度符合设计强度标准值的 85% 后，方可拆除。

（6）盖板施工。盖板采用场地预制，预制好的盖板采用起重机吊装。

1）按设计图纸和公路桥涵施工技术规范进行钢筋的加工与安装。钢筋按设计尺寸和形状加工成型，施工前，将钢筋表面的油渍、漆皮、鳞锈等清除干净，保持表面洁净。钢筋下料时应严格执行配料单制度，必须按施工图纸复核无误后方可下料。

2）任何构件的钢筋绑扎、安装完成后，经监理检查认可同意后方可浇筑混凝土。钢筋绑扎如图 3-56 所示。

3）模板工程。侧模板采用组合钢模板拼装，模板应具有足够的刚度和强度。模板安装时必须加固，底部利用台座作为支撑，上部用钢管作内撑，拉杆拉紧，在混凝土浇筑时不得有"跑模漏浆"的现象。

模板及钢筋加工安装完毕后，请监理检查验收，合格后进行混凝土浇筑，如不合格，则重新安装，直至合格后方能进入下道工序。

图 3-56　钢筋绑扎

4）混凝土采用搅拌站集中拌和，用插入式振捣棒进行振捣，振捣时，不得有漏振或过振，需确保盖板底面光滑，不得有蜂窝麻面。

5）混凝土浇筑完后采用土工布覆盖浇水养护，保证混凝土面水分充足。养护期不得少于 7d。

6）盖板支撑处用 M7.5 砂浆抹平，盖板顶、台帽顶防水层热涂沥青两道，每道约 1.5mm，两道间铺油毡纸一层。

7）盖板安装完成后，必须清扫、冲洗，充分湿润后再在板与墩之间、板与板之间的缝内用小石子和 M10 水泥砂浆填塞、顶紧，需在涵身外层防水层施工后方可进行下一步施工工序。

(7) 台背回填

1）盖板吊装、防水层及八字墙施工完成并通过监理验收后，应及时进行台背回填。台背回填应在混凝土强度达至设计强度的85%后进行，并同时在两侧对称分层进行，采用6%的石灰土回填，填筑的压实度应不小于96%。盖板吊装如图3-57所示。

2）用油漆在台背上标出每层的填筑厚度，台背回填材料运至现场后，经监理验收后严格按每层的松铺厚度夯实，压路机碾压不到的局部部位采用小型压实机具夯实。

3）在涵洞上填土时，第一层的最小摊铺厚度不得小于30cm，并防止剧烈的冲击。涵洞顶上填土厚度大于0.5m时，方可通行车辆和机械。

图3-57　盖板吊装

4. 拱涵基础知识

拱涵是指洞身顶部呈拱形的涵洞，一般超载潜力较大，砌筑技术容易掌握，便于人工修建，是一种普遍的涵洞形式。

由于拱涵要求地基均匀和有较大的承载力，所以河底纵坡大于15%时应采用阶梯式拱涵；当沟底自然坡度变化较大，也可将涵底分段，做成缓坡段或陡坡段。拱涵的涵身由拱圈、边墙及基础组成，可以用石砌、混凝土砌筑或混凝土浇筑而成，拱圈通常采用圆弧形。

5. 拱涵施工工艺流程

拱涵施工工艺流程示意图如图3-58所示。

6. 拱涵施工步骤

(1) 内拱支架搭设。内拱支架采用满堂支架搭设，竖向和横向间距均为0.6m，

第3章 桥梁、涵洞工程施工技术

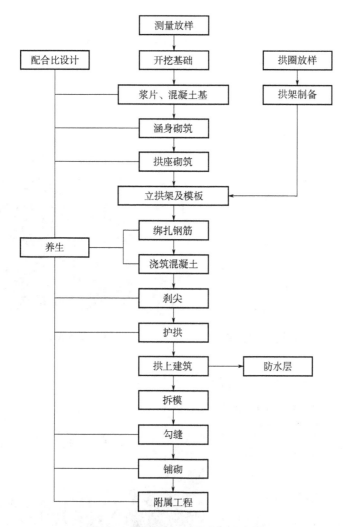

图3-58 拱涵施工工艺流程示意图

设置层高为1.2m。拱圈采用10#槽钢定制而成，拱圈内采用10#槽钢支撑，支撑架与拱圈和水平杆焊接牢固，拱圈分两片制作，两片之间采取φ12螺栓连接牢固，每片拱圈设置在支架上托上。在拱圈顶纵向采用50mm×100mm的方木，以固定模板用。每根方木两侧各纵向铺设一根钢管，用铁丝绑定在角钢或方木上，用于拱部模板加固。

（2）拱圈底模、外模、端模安装。拱架搭设完成后，在其上铺设12mm厚的饰面板，作为拱圈底模，采用铁钉固定在拱架方木上。纵向方向每端底模应宽出20cm，以方便端模安装。模板接缝处应平齐，并用胶带粘贴。

外模采用聚氨酯木模板，用拉杆固定在拱圈上，下脚与墙身连接牢固，外侧用钢管斜撑牢固，在拱顶位置预留50cm宽的通槽作为混凝土的入模口，在拱圈下口起拱线位置高50cm处间隔1m预留一个30×30cm小槽，以方便浇筑时对拱圈底部混凝土的捣固。在混凝土浇筑到指定标高后，封闭预留槽。拱圈模板安装如图3-59所示。

（3）钢筋安装。拱顶底模安装完成后，进行拱圈钢筋安装。安装前先将涵台预留钢筋校正，使其位置精准。拱圈钢筋应与已预留的涵台钢筋绑扎成形，并绑扎牢固，连接采取绑扎搭接，搭接长度满足规范要求（35d），然后绑扎纵向水平筋，钢筋安装时严格控制钢筋间距和保护层厚度，钢筋交叉点绑扎时绑扎方向成梅花形布置。

图3-59　拱圈模板安装

（4）拱圈混凝土浇筑。拱圈模板、钢筋经监理检查验收合格后，即进行拱圈混凝土浇筑作业。混凝土采用商品混凝土，"罐车"运输至现场后采用汽车泵入模，水平分层浇筑，层厚不超过50cm。采用振捣器捣固，混凝土捣固方法同前。浇筑顺序为先从拱脚处开始，两侧对称浇筑，浇筑过程中注意保持两侧混凝土高度相同，防止支架受力不均匀变形。

图3-60　拱涵养护、脱模

（5）养护、脱模。混凝土终凝后即浇水养护，养护采用自来水，养护期不少于7d。外膜及端模在保证混凝土不变形、不掉角情况下可进行顶模拆除，待混凝土强度达到设计强的85%后，再拆除拱架、底模。先对称松动支架上托，然后拆除拱部支架、脱模，洪涵养护、脱模如图3-60所示。

(6）沉降缝处理。拱涵每隔10m设置一道沉降缝,端部可根据实际长度调整沉降缝位置。沉降缝缝宽2cm,缝内采用钢带橡胶止水带。并保证整个变形缝竖直且在一个截面上。

(7）护拱砌筑。护拱采用M7.5浆砌筑Mu25#块石,砂浆采用砂浆拌和机拌制。砌筑作业自下而上分层砌筑,石料间砂浆需饱满,不得留有空隙。

(8）涵侧、涵顶土回填。待涵洞混凝土强度达到设计强度的90%后,即可进行涵侧回填。涵侧回填采用透水性良好的砂、卵石材料,涵侧回填须两边对称均匀进行,分层夯实,每层压实度须达到95%以上。涵顶以上采用砂性土、沙砾或碎砾石等材料。台背1.5m范围内不宜采用压路机械碾压,机械碾压容易造成机械与墙身的碰撞及剪切裂缝,影响涵洞的质量,因此,该部分采用小型机具人工夯实,夯实层厚15cm,涵顶50cm以内不允许重型机械通过,严禁采用压路机碾压设备对涵顶范围内的填土进行碾压。

第4章 隧道工程施工技术

4.1 公路隧道施工常用方法与施工方案选择

隧道施工方法是指隧道开挖、支护与测量方法、施工技术和施工管理的总称。隧道施工中最重要的是选择合理的施工方法，根据隧道穿越地层的不同地质条件和施工技术水平的发展，隧道施工方法的分类如图4-1所示。

4.1.1 传统矿山法

采用钻爆法开挖，以木或钢构件作为临时支撑，待隧道开挖完成后，逐步将临时支撑撤换下来，而代之以整体式厚衬砌作为永久性支护的施工方法称为传统矿山法。传统矿山法施工现场如图4-2所示。

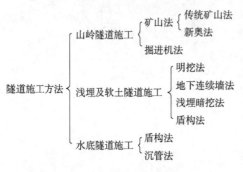

图4-1 隧道施工方法的分类　　　　图4-2 传统矿山法施工现场

传统矿山法的施工程序可用流程示意图表示，如图4-3所示。

4.1.2 掘进机法

掘进机法是岩石地层中暗挖施工的一种技术方法，主要应用于挖掘隧道、巷道

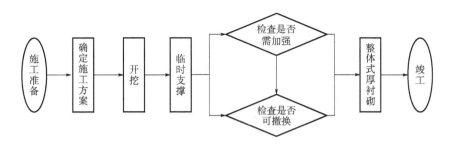

图4-3 传统矿山法的施工程序示意图

及其他地下建筑，简称 TBM（Tunnel Boring Machine）法。它是用特制的大型切削设备，将岩石剪切挤压和破碎，然后，通过配套的运输设备将碎石运出。掘进机法施工现场如图4-4所示。

4.1.3 明挖法

明挖法是指挖开地面，由上向下开挖土石方至设计标高后，自基底由下向上顺序施工，完成隧道主体结构，最后回填基坑或恢复地面的施工方法。明挖法施工现场如图4-5所示。

图4-4 掘进机法施工现场

图4-5 明挖法施工现场

4.1.4 沉管法

沉管法指的是将箱形或管形水泥混凝土预制构件，分段沉埋至河底或海底而构成隧道的施工方法。沉管法施工现场如图4-6所示。

图4-6 沉管法施工现场

4.1.5 施工方案选择

隧道施工方案的选择应考虑以下几个方面的因素。

(1) 施工条件。施工条件包括一个施工队伍所具备的施工能力、素质以及管理水平,目前我国隧道施工队伍的素质和施工装备水平参差不齐,在选择施工方法时,应考虑这个因素的影响。

(2) 围岩条件。围岩条件包括围岩级别、地下水及工程地质现象等。围岩级别是对工程地质的综合判定,对施工方法的选择起着重要甚至决定性的作用。

(3) 埋深。埋深按照埋置深度可分为浅埋和深埋两类。在同样地质条件下,由于埋深的不同,施工方法也将有很大差异,通常在浅埋地段,尤其是存在偏压时可采用分部开挖法。

(4) 环境条件。当隧道施工对周围环境产生如爆破震动、地表下沉、噪音、地下水条件的变化等不良影响时,环境条件也应成为选择隧道施工方法的重要因素之一。

除此之外,隧道施工方案的选择还受到施工工期、工程投资与运营后的社会效益和经济效益、施工中动力和原材料供应情况、施工安全状况等因素的影响。

公路隧道常用施工方法的比较见表4-1。

表4-1 公路隧道常用施工方法的比较

隧道施工方法		施工方法优点、缺点	适用条件
矿山法	传统矿山法	优点:适用于各种断面形式和变化断面;与明挖法比较,可减少对地面交通的影响	应用于硬岩石层修建隧道,开挖地下坑道,修建山岭公路隧道
	新奥法	缺点:支撑复杂,材料消耗多,施工进度慢	
掘进机法	隧道掘进机法	优点:掘进效率高,施工安全,开挖面平整,对周围围岩扰动小	应用于岩石地质,修建山岭公路隧道
	盾构掘进机法	缺点:断面单一;对岩层变化的适应性差;主机重量大,运输不便	应用于土质围岩,修建山岭公路隧道;尤其适用于软土、流沙、淤泥等特殊地层
明挖法		优点:施工简单、快捷、经济、安全 缺点:对周围环境的影响较大	应用于修建地下铁道、城市市政隧道、浅埋及软土隧道

(续)

隧道施工方法	施工方法优点、缺点	适用条件
沉管法	优点：对地质水文条件适应能力强，防水性能好，施工工期短，造价低 缺点：管段制作工艺要求严格，车道较多时需增加沉管隧道高度	应用于修建水底隧道

4.2 公路隧道洞口、明洞施工

4.2.1 基础知识

1. 洞口工程

洞口工程指隧道及地下建筑工程出入口部分的建筑物，包括洞门、洞口通风和排水设施，边、仰坡支挡结构和引道等。有防护要求的地下工程还包括防护门、密闭门、消波和滤毒设施等。洞口工程常见设施及作用见表4-2。

表4-2 洞口工程常见设施及作用

洞口工程常见设施	作用
隧道洞门	保持洞口仰坡和路堑边坡的稳定，汇集和排除地面水流，便于进行建筑艺术处理
防护门	地下工程中最重要的防护设施，抵挡冲击波的压力，使人员和设备免受伤害和破坏
密闭门	隔绝放射性沾染、生化毒剂，以及潮湿空气进入洞内
防毒通道	为保证地下工程内部的空气清洁，人员或车辆进出必须经过防毒通道
消波室	削弱进入地下工程内部空气超压
除尘滤毒室	对外界沾染放射性灰尘或污染的空气进行除尘、过滤

2. 明洞工程

明洞指的是用明挖法修建的隧道，常用于地质不良路段或埋深较浅的隧道。明洞的结构类型，根据地形、地质、回填土状况而定，通常由顶部结构和边墙组成。当洞顶覆盖层较薄，难以用暗挖法修建隧道时；隧道洞口或路堑地段受坍方、落石、泥石流、雪害等危害时；道路之间或道路与铁路之间形成立体交叉，但又不宜做立交桥时，通常应设置明洞。明洞常见的分类如图4-7所示。

(1) 拱式明洞。拱式明洞主要是由顶拱和内、外边墙组成的混凝土或钢筋混凝土结构，整体性较好，能承受较大的垂直压力和侧压力。由于内、外边墙基础相对位移对内力影响较大，所以对地基要求较高，尤其外墙基础必须稳固，必要时需要加设仰拱。通常用作洞口接长衬砌的明洞，以及用明洞抵抗较大的坍方推力和支撑边坡稳定等。图 4-8 是拱式明洞（半路堑单压型），图 4-9 是拱式明洞（路堑对称型）。

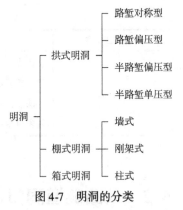

图 4-7 明洞的分类

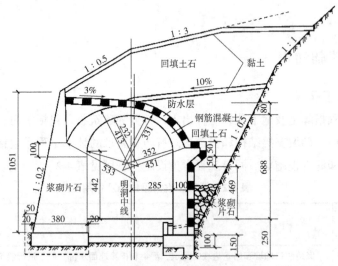

图 4-8 拱式明洞（半路堑单压型）

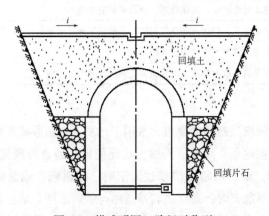

图 4-9 拱式明洞（路堑对称型）

（2）棚式明洞。当受地形地质条件限制难以修建拱式明洞时，边坡有小量坍落掉块和侧压力较小，可以采用棚式明洞，如图 4-10 所示。棚式明洞由顶盖和内、外边墙组成。顶盖通常为梁式结构，内、外边墙一般采用重力式挡墙结构，并应置于基岩或稳固的地基上。当岩层坚实完整，干燥无水或少水时，为减少开挖和节省圬工，可采用锚杆式内边墙。外边墙可以采用墙式、刚架式和柱式结构。此外，还有其他形式的明洞，如减光明洞等。

（3）箱式明洞。在明洞净高、建筑高度受到限制时或地基软弱的地方，可采用箱式明洞。如图 4-11 所示为一方形箱式明洞，是一种全部用钢筋混凝土制成的方形整体明洞。若右侧岩层顺层滑动，可利用上部回填土石的压力及底层的弹性抗力，平衡侧向岩层滑动的推力，并传于左侧岩层上。回填土高度根据两侧岩层滑动力的大小决定。需要分段施工，两侧紧贴岩层，保持原岩层不致因施工开挖而产生滑动。超挖回填片石的强度不低于该处岩石的抗压强度。

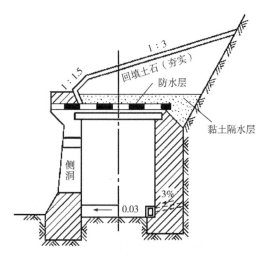

图 4-10　棚式明洞

4.2.2　施工工艺流程

根据设计图及现场地形地质情况，先进行进、出口端洞外土方开挖，明洞土方开挖后，进行明洞套拱施工，再进行长管棚施工，长管棚施工后进行进行洞身开挖及支护施工，待洞身开挖及支护施工至 10～50m 后进行明洞施工。明洞混凝土达到设计强度后，进行明洞回填。回填结束后，进行洞口边、仰坡防护施工。洞口、明洞施工工艺流程示意图如图 4-12 所示。

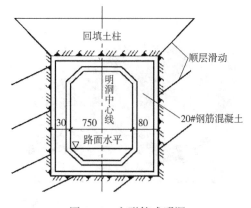

图 4-11　方形箱式明洞

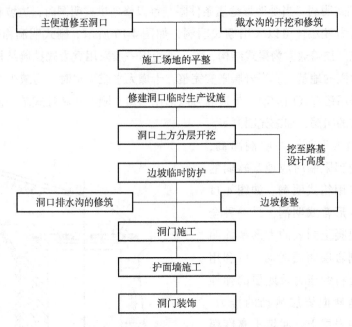

图 4-12　洞口、明洞施工工艺流程示意图

4.2.3　施工细节操作

1. 洞口开挖

洞口开挖示意图如图 4-13 所示。

洞口及明洞在开挖过程自上而下分层开挖。施工机械以挖掘机为主，遇地层坚硬石质可采用人工打眼松动爆破，运输采用15t太拖拉自卸车

图 4-13　洞口开挖示意图

2. 边坡防护

边坡防护示意图如图 4-14 所示。

图 4-14 边坡防护示意图

（洞口开挖后的边、仰坡面进行整修平整，及时按设计进行防护，以防风化、雨水渗透而造成坍塌或滑坡）

3. 洞门修筑

洞门修筑示意图如图 4-15 所示。

（隧道洞门修筑应在进洞施工前完成，并尽可能安排在雨季前施工，以增强洞口处边坡稳定，保障洞口内正常施工）

图 4-15 洞门修筑示意图

4.2.4 施工常见问题及质量验收

隧道洞口工程施工除要给洞内施工创造条件外，还要稳固因隧道施工可能引起坡面出现失稳现象，尤其当洞口坡面存在较大规模滑动、坍塌、落石等可能时，必须采取相应的确保施工质量和安全的措施，严格按照设计文件及规范要求及时采取工程防护设施，以免产生严重的工程事故。

1. 施工常见问题

（1）洞口施工辅助措施施工中常见问题：①钻孔深度未严格施工至设计孔深；②长管棚安装长度和数量未能按设计要求进行施工，存在数量和长度不足现象；钢管之间的连接未采用设计要求的连接方式，而是因施工方便而采用临时焊接；③对管棚注浆时，浆液未严格按设计要求进行拌和，随意性较大，导致水泥用量偏小，注浆质量达不到设计要求；④管棚注浆时，未严格按设计要求的注浆压力和注浆量进行控制便结束注浆工作。

(2) 明洞回填施工中常见问题：①填料不符合设计要求；②未严格进行分层回填，分层厚度较大；③碾压方法不符合设计及规范要求，甚至出现不采用压实机械进行碾压，而采用挖掘机或装载车等行走方式进行碾压，导致压实度不足。

2. 质量验收

(1) 隧道洞口边、仰坡土石方开挖及防护工程施工，应符合设计要求和环境保护、水土保持的有关规定。

(2) 边、仰坡应自上往下开挖，不得采用洞室爆破，开挖后应及时进行防护工程施工。

(3) 边、仰坡周围的排水沟、截水沟应在边、仰坡开挖前修建完成；隧道洞门的排、截水设施应与洞门工程同步施工，当端墙顶部水沟置于回填土上时，必须将回填土夯填密实。隧道洞口及缓冲结构物的排、截水工程应与路基排水系统合理连通。

(4) 隧道门端墙和翼墙、挡土墙的反滤层、泄水孔、变形缝设置应符合设计要求，确保泄水孔排水通畅。

4.3 公路隧道开挖与初期支护工程

4.3.1 基础知识

1. 隧道开挖

为了最大限度地利用围岩自承能力，必须采用有利于减少超挖、减少围岩扰动的开挖方法进行洞身开挖。从施工造价及施工速度考虑，施工方法的选择顺序为：全断面法──→台阶法──→环形开挖留核心土法──→中隔壁法（CD法）──→交叉中壁法（CRD法）──→双侧壁导坑法；从施工安全角度考虑，其选择顺序应反过来。如何正确选择，应根据实际情况综合考虑，但必须符合安全、快速、质量和环保的要求，达到规避风险、加快进度和节约投资的目的。

(1) 全断面开挖。全断面开挖如图4-16所示。

(2) 台阶法开挖。台阶法开挖如图4-17所示。

图 4-16　全断面开挖

> 全断面开挖是按照设计轮廓一次爆破成形,然后修建衬砌的施工方法

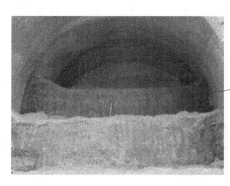

图 4-17　台阶法开挖

> 台阶法是先开挖上半断面,待开挖至一定长度后同时开挖下半断面,上、下两半断面同时并进施工;近些年由于大断面隧道的施工需要,又出现了三台阶临时仰拱法,甚至多台阶法

（3）环形开挖留核心土法。环形开挖留核心土法（图 4-18）是首先在上部断面开挖弧形导坑,其次开挖下半部两侧,再开挖中部核心土的方法。

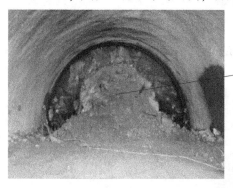

图 4-18　环形开挖留核心土法

> 环形开挖留核心土法施工顺序是开挖上部断面弧形导坑→开挖下半部两侧→开挖中部核心土

（4）中隔壁法（CD 法）。中隔壁法（CD 法）是在软弱围岩大跨度隧道中,先开挖隧道的一侧并施作中隔壁,然后再开挖另一侧的施工方法。中隔壁法施工如图 4-19 所示。

图 4-19　中隔壁法施工

（中隔壁法（CD法）主要应用于双线隧道Ⅳ级围岩深埋硬质岩地段以及老黄土隧道（Ⅳ级围岩）地段）

（5）交叉中隔壁法（CRD 法）。交叉中隔壁法（CRD 法）是在软弱围岩大跨度隧道中，先开挖隧道一侧的一或二部分，施作部分中隔壁和横隔板，再开挖隧道另一侧的一或二部分，完成横隔板施工；然后再开挖最先施工一侧的最后部分，并延长中隔壁，最后开挖剩余部分的施工方法。交叉中隔壁法施工如图 4-20 所示。

（交叉中隔壁法是先开挖隧道一侧的一或二部分，施作部分中隔壁和横隔板，再开挖隧道另一侧的一或二部分，完成横隔板施工）

图 4-20　交叉中隔壁法施工

（6）双侧壁导坑法。双侧壁导坑法如图 4-21 所示。

（双侧壁导坑法一般将断面分成四块：左侧壁导坑、右侧壁导坑、上部核心土和下台阶。利用两个中隔壁把整个隧道大断面分成左、中、右3个小断面施工，左、右导洞先行，中间断面紧跟其后）

图 4-21　双侧壁导坑法

2. 隧道衬砌

隧道衬砌是指支持和维护隧道的长期稳定和耐久性的永久结构物。隧道衬砌如图 4-22 所示。

图 4-22 隧道衬砌

（标注：作用为支持和维护隧道的稳定；保持所需的空间；防止围岩的风化；解除地下水的影响等）

衬砌施工顺序，目前多采用由下到上、先墙后拱的顺序连续浇筑。在隧道纵向，则需分段进行，分段长度一般为 8～12m。在全断面开挖成形或大断面开挖成形的隧道衬砌施工中，则应尽量使用金属模板台车灌注混凝土整体衬砌。

4.3.2 施工工艺流程

洞口及明洞衬砌施工工艺流程示意图如图 4-23 所示。

4.3.3 施工细节操作

1. 施工准备

（1）施工技术准备，了解施工对地表周围建筑的影响，将主便道修建到洞口附近。平整施工场所，修建供水、供电设施等。

（2）施工设备准备，如单臂凿岩机、挖掘机、装岩机、自卸卡车、斗车等。

（3）施工材料准备，如砂、碎石、片石、块石、粗料石、炸药等。

2. 台车中线、高程定位

台车在进行衬砌工作前，必须要对台车进行定位，使台车轮廓断面尺寸与要求尺寸一致。台车行走至待衬砌断面后，通过以下几个动作进行定位：

（1）通过操作液压系统的平移油缸调节台车中线，使其与隧道中线对齐。

（2）操作液压系统顶升油缸，使台车升至标准衬砌高度，然后旋紧基础千斤顶，之后复核高度尺寸。

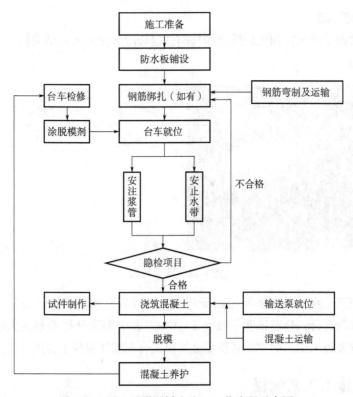

图 4-23 洞口及明洞衬砌施工工艺流程示意图

(3) 操作液压系统，使侧向油缸活塞杆伸出并达到标准衬砌断面，然后人工扳动侧向支撑丝杆千斤顶，使之达到侧向油缸支撑位置并旋紧。

(4) 完成以上几个动作后，应进行断面尺寸的复核，以防有误。

3. 钢筋绑扎

隧道钢筋绑扎如图 4-24 所示。

钢筋绑扎时，先根据隧道轮廓绑扎外层环向定位钢筋，在外侧环向钢筋上焊接竖向定位钢筋和纵向定位钢筋，然后测量内层钢筋位置，焊接内层纵向定位钢筋，最后安装两层钢筋之间的连系筋

图 4-24 隧道钢筋绑扎

4. 台车就位

台车就位如图 4-25 所示。

台车验收合格后，在确保台车上下、左右无障碍物的情况下，启动行走电机，操作台车前行至待衬砌位置，前后反复动作几次

图 4-25　台车就位

5. 混凝土浇筑

隧道混凝土浇筑如图 4-26 所示。

为防止混凝土流动中产生离析，采用分支管并设变换阀，用 2~3 个检查窗进行灌注，灌注边墙的检查窗应设在合适的高度，防止混凝土下落产生离析形成蜂窝

图 4-26　隧道混凝土浇筑

6. 混凝土振捣

使用振捣器时应注意的事项如下：

（1）内部振捣器尽可能地垂直，以一定间隔插入，混凝土振捣如图 4-27 所示。

（2）振动振捣应充分，其标志是混凝土和面板的接触面出现水泥浆线。

7. 拆模和养护

模板须待混凝土达到设计强度以上时方可拆除，隧道衬砌养护采用高压水冲洗湿润的办法，要保持混凝土经常湿润，养护期限一般为 10d。隧道模板拆除与养护如图 4-28 所示。

图 4-27　混凝土振捣

图 4-28　隧道模板拆除与养护

4.3.4　施工常见问题及质量验收

1. 施工常见问题

隧道开挖与初期支护施工中主要存在以下问题：

（1）支护滞后问题。掌子面开挖后未及时支护或初期支护未及时封闭成环。

（2）锚杆施工问题。锚杆锚固力不足以加固围岩；锚杆的数量、长度、类型、外插角度不符合设计要求；未按要求设置垫板。

（3）钢筋网片施工问题。钢筋网格间距超标；搭接长度不满足规范要求；钢筋网保护层厚度不够。

（4）锁脚锚管施工问题。锚管长度不足；未注浆或注浆不饱满；未与钢架连接或连接不规范。

（5）钢架施工问题。钢架加工质量差；钢架间距超限，钢架与围岩、连接钢板不密贴；钢架背后填塞片石。

（6）喷射混凝土施工问题。混凝土掉层脱落；喷射混凝土在爆破后出现微小裂纹；喷射混凝土拱顶部位存在空洞；喷射混凝土厚度不足、表面平整度差；喷射混凝土强度达不到设计要求。

2. 质量验收

（1）隧道洞内超前支护设计有超前小导管、超前锚杆等形式。施工中必须按设计的根数、长度、环向间距进行控制。

（2）隧道开挖前，项目经理部必须根据围岩类型选择适当的断面开挖方法。对于Ⅴ级加强段、Ⅴ级浅埋、Ⅴ级偏压等围岩可采用单侧壁（双侧壁）导坑法或台阶分部开挖法；对于Ⅴ级深埋、Ⅳ级围岩可采用上下台阶法；Ⅲ级围岩可采用全断面法。

（3）钢支撑分节可按其施工方法及开挖断面高度进行调整，但拱顶正中弧段必须用整段型钢，不允许出现焊接接头。对长度小于1m的型钢，严禁拼接后使用。

（4）喷射混凝土施工应采用"湿喷"工艺，严禁使用"干喷"施工工艺。

4.4 防水与排水

4.4.1 基础知识

隧道防水与排水是指为了保证隧道建筑不致因渗漏水造成病害，危及行车安全，腐蚀洞内设备，降低结构使用寿命而采取的防水与排水措施。隧道防、排水设计坚持以"防、排、截、堵"相结合，因地制宜、综合治理的原则，使隧道洞口、洞内形成完整的防、排水体系，使隧道防水可靠、排水通畅，运营期间隧道内不渗不漏，基本干燥，保证隧道的正常营运与行车安全。

"防"，就是采用防水材料对建筑物进行防水处理，阻挡外界水侵入建筑造成渗漏。

"排"，就是人为设置排水系统，将地下水排出隧道。

"截"，就是在隧道以外将地表水和地下水疏导截流，使之不能进入隧道工程范围内。

"堵"，就是以混凝土衬砌为基本的结构防水层，以塑料防水板为辅助防水层，阻隔地下水，使之不能进入隧道内的防水措施；或者将适宜的胶结材料压注到地层节理、裂隙、孔隙中实现堵水使之不进入隧道工程范围内。

1. 防水措施

（1）模筑混凝土衬砌。模筑混凝土本身就具有一定的抗渗阻水性能，但普通混凝土的抗渗性较差，尤其是在施工质量不高的情况下，如振捣不密实，施工缝、沉降缝、伸缩缝处理不好，以及混凝土配比不当等，则更易形成水的渗漏、漫流。当地下水有侵蚀性时，对混凝土的腐蚀就更为严重。工程中，改善和提高混凝土衬砌的抗渗防水性能，可以从两个方面来考虑。

1）防水混凝土的抗渗标号及抗压强度应满足设计要求。其配合比选择应注意以下几点：①水灰比不得大于 0.6；②水泥用量不得少于 $280kg/m^3$；③砂率应适当提高，并不得低于 35%。

2）防水混凝土衬砌施工必须采用机械振捣。施工缝、沉降缝及伸缩缝则可以采用中埋式塑料或橡胶止水带，或采用背贴塑料止水带止水。

如果能保证混凝土衬砌的抗渗防水性能，则不需要另外增加其他防水堵水措施。因此，充分利用混凝土衬砌的防水性能是经济合算、基本的防水措施。

（2）塑料板。当围岩有大面积裂隙滴水、流水，且水量压力不太大时，可于喷射混凝土等初期支护施作完毕后，内层衬砌施作前，在岩壁大面积铺设塑料板堵水，塑料板厚度一般为 2mm，塑料板铺设固定时不能绷得太紧，要预留一定的松弛度，使得在灌注内层衬砌混凝土时，塑料板能向凹处变形，避免产生过度张拉和破坏。隧道塑料防水板如图 4-29 所示。

塑料板防水层是近十多年国际上发展起来的一项防水新技术，具有优良的防水性能和耐腐蚀性能，在隧道及地下工程中得到了日益广泛的应用。

（3）分区隔离。隧道穿越地层范围大，地下水的埋藏条件复杂，往往在同一座隧道中的不同区段地下水的出露情况差异很大。目前隧道工程中，尤其是在运营隧道的防水维修中，已采用"分区隔离防、排水技术"，即在隧道长度方向将地

图 4-29　隧道塑料防水板

下水分区隔离,并针对富水地段,重点采取有效的防、排水措施,以达到提高全隧道防水效果,降低防、排水成本的目的。

2. 排水措施

隧道排水设施应结合混凝土衬砌来施作。常用的结构排水设施有:盲沟(管)——泄水孔——排水沟(管)。其排水过程是:水从周岩裂隙进入衬砌背后的盲沟,盲沟下接泄水孔(泄水孔穿过衬砌边墙下部),水从泄水孔泄出后,进入隧道内的纵向排水沟,并经纵向排水沟排出洞外。

(1)盲沟(管)。盲沟指的是在路基或地基内设置的充填碎石、砾石等粗粒材料并铺以倒滤层的排水、截水暗沟。盲沟又叫暗沟,是一种地下排水渠道,用以排除地下水,降低地下水位。盲沟充填材料示意图如图4-30所示。

图4-30 盲沟填充材料示意图

(2)泄水孔。泄水孔是指进口有一定淹没深度的坝体泄水建筑物,可供泄洪、预泄库水、放空水库、排放泥沙或施工导流之用。泄水孔如图4-31所示。

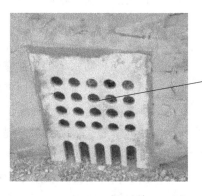

图4-31 泄水孔

(3)排水沟(管)。隧道内的排水沟(图4-32)是承接泄水孔泄出的水,并将其排出隧道的纵向排水沟。隧道内的排水沟，有单侧式、双侧式、中心式这3种布置形式。

4.4.2 施工工艺流程

隧道结构防、排水施工工艺流程示意图如图4-33所示。

4.4.3 施工细节操作

（1）环向盲沟。严格按照设计间距设置洞内环向盲沟，环向盲沟的底部要插入"三通接头"并与拱脚纵向排水管相连。

图4-32 隧道内的排水沟

（2）拱脚纵、横向排水管。纵向排水管与三通接头连接后，要用土工布进行包裹。

（3）用防水板将纵向排水管进行反包，并在防水板上剪一圆孔，将三通接头的出水口穿过该孔，要做好纵向排水管的标高控制，确保排水畅通。

（4）将横向排水管与三通接头的出水口相连，横向排水管的出水口直通隧道排水边沟。

（5）防水板铺挂前应认真进行基面处理，严格检查验收制度；对超挖较大的部位必须挂网喷锚；基面明水应提前设盲管引排；对于洞顶的大面积渗水，可用防水板集中引排到临时排水边沟。

（6）二衬止水带按设计提供的型号购买和安装，安装止

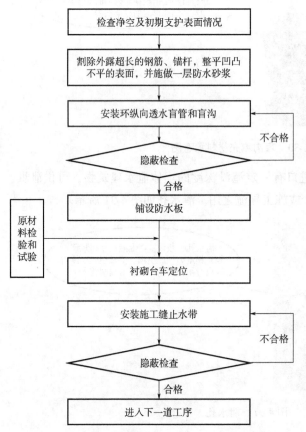

图4-33 隧道结构防、排水施工工艺流程示意图

水带时，一定注意将其设在二衬厚度的中间，并且使止水带的中线位于二衬的施工缝上，不得有较大偏位，对止水带的定位钢筋应认真设置。

（7）拱脚的横向排水沟要能够及时有效地将二衬背后的水排入边沟，施工过程要经常检查，以确保整个排水系统的通畅。

（8）隧道排水边沟。排水边沟的几何尺寸和沟底纵坡要严格按设计施工，以使洞内水顺利排出。

隧道结构防、排水设施如图4-34所示。

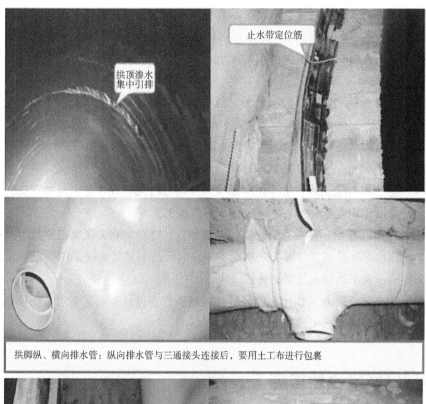

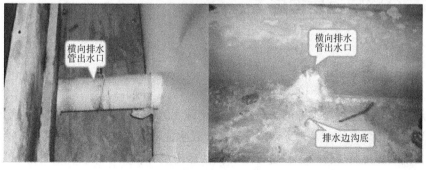

图4-34　隧道结构防、排水设施

4.4.4 施工常见问题及质量验收

1. 施工常见问题

(1) 防水材料质量不达标。

(2) 防、排水施工质量控制不佳。隧道围岩基面处理不当；围岩基面平整度达不到防水板铺设要求；基岩表面渗水点未处理，任由渗水漫流。

(3) 防水板铺设不规范。防水板搭接顺序错误，搭接宽度不足；没有采用双焊缝，或者焊缝宽度达不到要求；焊接工艺不过关，漏焊、焊穿时有发生，未对焊接效果进行充气试验；对铺设好的防水板保护不够，防水板被扎破、烧破，浇灌和振捣混凝土时，直接冲击防水板，破坏较大。

2. 质量验收

(1) 把好进场防水材料的质量关。防水材料的质量决定隧道防水效果，首先应从招标投标入手，优选信誉好、质量优、价格合理的生产厂家；其次施工、监理单位应加强进场防水材料的检验，严格按规定批次、频次进行随机检测，对抽检不合格的产品，严禁进入施工现场。

(2) 防、排水施工前，应采用断面仪或其他方法先检查净空以及初期支护表面情况，符合设计和规范要求后方可进行下一步施工。

(3) 外露的超长钢筋头、锚杆头，应割除，并将棱刺和尖锐突出物打磨掉或采取衬垫、抹水泥砂浆的方式覆盖；初期支护表面凹凸不平过大处采用喷混凝土或水泥砂浆找平，对于渗漏水处进行处理。

(4) 用于防、排水系统施工的各种材料均应符合设计和规范要求，在得到监理批准后方可进场用于施工。

4.5 公路隧道盾构施工

4.5.1 基础知识

盾构法是暗挖法施工中的一种全机械化施工方法。它是将盾构机械在地中推进，通过盾构外壳和管片支承四周围岩防止发生往隧道内的坍塌。同时在开挖面前方用切削装置进行土体开挖，通过出土机械运出洞外，靠千斤顶在后部加压顶进，并拼装预制混凝土管片，形成隧道结构的一种机械化施工方法。

盾构法施工得到广泛使用，因其具有明显的优越性：①在盾构的掩护下进行开挖和衬砌作业，有足够的施工安全性；②地下施工不影响地面交通，在河底下施工不影响河道通航；③施工操作不受气候条件的影响；④产生的振动、噪声等环境危害较小；⑤对地面建筑物及地下管线的影响较小。

4.5.2 施工工艺流程

公路隧道盾构施工工艺流程示意图如图4-35所示。

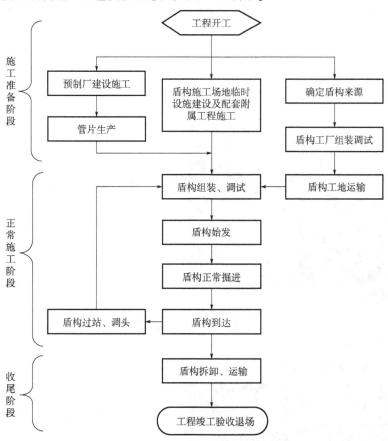

图4-35 公路隧道盾构施工工艺流程示意图

4.5.3 施工细节操作

1. 打井

现场打井如图4-36所示。

图 4-36　现场打井

（在置放盾构机的地方打一个垂直井，再用混凝土进行加固）

2. 盾构机安装

盾构机安装如图 4-37 所示。

（在将盾构机安装到井底，并装配相应的千斤顶）

图 4-37　盾构机安装

3. 盾构掘进

盾构掘进如图 4-38 所示。

（驱动井底部的盾构机沿水平方向前进，形成隧道）

图 4-38　盾构掘进

4. 隧道衬砌

隧道衬砌如图 4-39 所示。

将开挖好的隧道边墙用事先制作好的混凝土衬砌加固，隧道土体压力较高时可以采用钢制衬砌来代替混凝土衬砌

图 4-39　隧道衬砌

4.5.4　施工常见问题及质量验收

1. 施工常见问题

（1）盾构推进过程中，由于正面阻力过大造成盾构推进困难和地面隆起变形。

（2）在盾构推进及管片拼装的过程中，开挖面的平衡上压力发生异常的波动，与理论力值或设定应力值发生较大的偏差。

（3）土压平衡盾构螺旋机出土不畅。螺旋机螺杆形成"土棍"，螺旋机无法出土，或螺旋机内形成阻塞负荷增大，电动机无法带动螺旋机转动，不能出土。

（4）盾构掘进轴线偏差。盾构掘进过程中，盾构推进轴线过量偏离隧道设计轴线，影响成环管片的轴线。

（5）盾构过量的自转。盾构推进中盾构发生过量的旋转，造成盾构与车架连接不好，设备运行不稳定，增加测量、封顶快拼装等困难。

（6）盾构后退。盾构停止推进，尤其是拼装管片的时候，产生后退的现象，使开挖面压力下降，地面产生下沉变形。

（7）盾尾密封装置泄漏。地下水、泥及同步注浆浆液从盾尾的密封装置渗漏进入盾尾的盾壳和隧道内，严重影响工程进度和施工质量，甚至对工程安全带来灾难。

2. 质量验收

（1）同一贯通区间内始发和接收工作井所使用的地面近井控制点间必须进行直接联测，并与区间内的其他地面控制点构成附合路线或附合网。

(2) 隧道贯通后必须分别以始发和接收工作井的地下近井控制点为起算数据，采用附合路线形式，对原有控制点重新组合或布设并施测地下控制网。

(3) 模具必须具有足够的承载力、刚度、稳定性和密封性能，并应满足管片的尺寸和形状要求。

(4) 管片出厂时混凝土强度与抗渗等级必须符合设计要求。检查数量应符合现行国家标准《混凝土结构工程施工质量验收规范》(GB 50204—2015)的规定。检验方法为检查同条件下混凝土试件的强度和抗渗报告。

4.6　风水电作业及通风防尘

4.6.1　压缩空气供应

在隧道施工中，以压缩空气为动力的风动机具主要有凿岩机、风钻台车、装渣机、喷射混凝土机具、锻钎机、压浆机等。要保证这些风动机具的正常工作，需有足够的压缩空气供应，即要有足够的风量和风压供应给各个风动机具，同时还应尽量减少压缩空气在管路输送过程中的风压和风量损失，以达到既能保证风动机具进行正常工作，又能达到降低消耗、节约能源、降低成本及保证施工质量的目的。空压机可以提供足够的风量与风压，保障风动机具正常工作。空压机组如图 4-40 所示。

选用多台同类型空压机组成空压机组，另配一台较小排气量的空压机以防回风空转

图 4-40　空压机组

4.6.2　施工供水与排水

1. 供水

隧道施工期间生产用水和生活用水的主要用途包括：凿岩机用水、喷雾洒水防

尘用水、衬砌施工用水、混凝土养护施工用水、空压机冷却用水、浴池用水、施工人员的生活用水等，因此需要设置相应的供水设施。隧道施工供水的水质、用水量大小、水压及供水设施等应能满足工程和生活用水的需要。

（1）水质要求。凡无臭味、不含有害矿物质的洁净天然水都可作施工用水，但仍应做好水质化验工作。隧道工程施工用水水质要求见表4-3。

表4-3 隧道工程施工用水水质要求

用水范围	水质项目	允许最大值
混凝土作业	硫酸盐（SO_4）含量	不大于1000mg/L
	pH值	不得小于4
	其他杂质	不含油、糖、酸等
湿式凿岩与防尘	细菌总数	在37℃培养24h，每毫升水中不超过100个
	大肠菌总数	每升水中不超过3个
	浑浊度	不大于5mg/L，特殊情况不大于10mg/L

（2）供水方式与水源。通过蓄水池供水。施工的水源有：山上自流水或泉水、河水和钻井取水。

（3）蓄水池要求。蓄水池如图4-41所示。

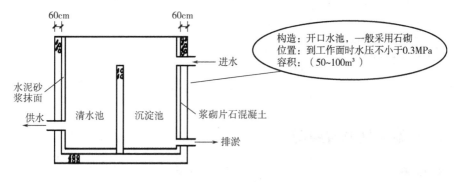

图4-41 蓄水池

2. 排水

地下水、施工废水需要及时排出洞外，排水方式应按水量多少、线路坡度等因素确定。线路为上坡方向时，可采取顺坡自然排水方式，排水沟坡度与线路纵坡一致。有平行导坑时，因平行导坑较正洞标高为低，可将正洞的水引入平行导坑排出洞外。

（1）顺坡施工排水。向洞内开挖是上坡，称为顺坡施工，在隧道一侧修建水沟。

(2) 反坡施工排水。分段开挖反坡水沟的优点是工作面无积水,抽水机位置固定,亦不需要水管。缺点是抽水机多,而且要开挖反坡水沟。适用:隧道较短和坡度较小时采用。分段开挖反坡水沟如图 4-42 所示。

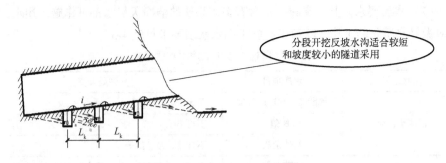

图 4-42　分段开挖反坡水沟

隔开较长距离开挖集水坑(图 4-43)的优点是所需抽水机数量少。缺点是安装水管,抽水机随着坑道的掘进而拆迁前移。

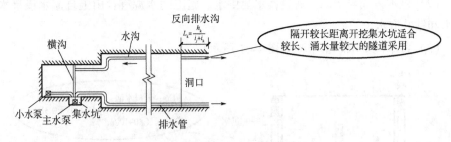

图 4-43　隔开较长距离开挖集水坑

4.6.3　施工供电与照明

1. 供电

在施工现场,电力供应首先要确定总用电量,以便选择合适的发电机、变压器、各类开关设备和线路导线,做到安全可靠地供电,节约开支,减少投资。供电方式有自设发电站(为辅)和地方电网供电(为主)。在有些重要施工场所还应设置双回路供电网,以保证供电的稳定性。

2. 照明

照明安全变压器作业地段照明必须使用安全变压器,其容量不宜过大,输入电压为 220V,输出电压有 36V、32V、24V、12V 四个等级,各种工作地段的照明标准和要求见表 4-4。

表 4-4　各种工作地段的照明标准和要求

工作地段		灯头距离/m	悬挂高度/m	灯泡容量/W
施工作业面		不少于 15W/m² （断面较大可适当采用投光灯）		
开挖地段和作业地段		4	2~2.5	60
运输巷道		5	2.5~3	~60
特殊作业地段或不安全因素较多地段		2~3	3~5	
成洞地段	用白炽灯时	8~10	4~5	60
	用日光灯时	20~30	4~5	40
竖井内		3		60

4.6.4　通风与防尘

在隧道施工中，洞内氧气大大减少，且混杂各种有害气体与岩尘，造成洞内空气污浊。随着坑道不断开挖，不断向山体深处延伸，洞内温度和湿度相应提高，会对人体产生有害的影响。隧道施工通风与除尘的目的是为了更换和净化坑道内的空气，供给洞内足够的新鲜空气，稀释、冲淡和排除有害气体，降低粉尘浓度，以改善劳动条件，保障施工作业人员身体健康，保证正常的安全生产，并提高劳动生产率等。

1. 通风方式

一般来说，除 300m 以下的短隧道（穿过的岩层不产生有害气体）及导坑贯通后的隧道施工可利用自然通风（靠洞内外的温度差及高程差等所造成的自流风）外，均可采用机械通风，即利用机械设备向洞内送入新鲜空气，排出污浊空气。

实施机械通风，必须具有通风机和风道，按照风道的类型和通风机安装位置，有如下几种通风方式：

（1）风管式通风。风流经由管道输送，分为压入式风管、抽出式风管和混合式风管。压入式风管如图 4-44 所示。

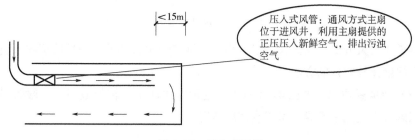

图 4-44　压入式风管

抽出式风管如图4-45所示。

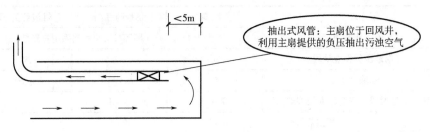

图4-45　抽出式风管

混合式风管如图4-46所示。

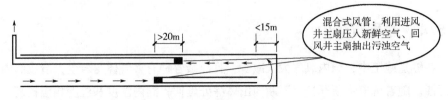

图4-46　混合式风管

风管式通风的优点是设备简单，布置灵活，易于拆装，多为一般隧道施工采用。但随着管路的增长，通风阻力就会增长，另外由于管路的接头或多或少会发生漏风，若不保证接头的质量，就会造成因风管过长而达不到所要求的风量。

（2）巷道式通风，如图4-47所示。适用有平行导坑的长隧道。

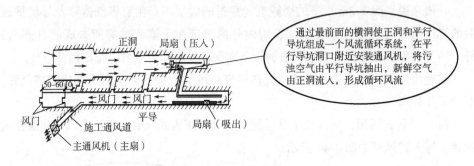

图4-47　巷道式通风

巷道式通风方式，断面大、阻力小，可供应较大的风量，是目前解决长隧道施工通风问题比较有效的方法。

（3）风墙式通风，如图4-48所示。这种方法适用于较长隧道，一般管道式通风难以解决，又无平行导坑可以利用的情况。

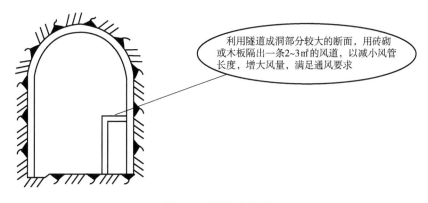

图 4-48 风墙式通风

2. 防尘

隧道开挖时，由于凿岩、爆破、出渣等作业，将会产生大量的岩尘，对人体的危害性很大。从一些隧道施工的实测资料表明，岩尘的产生主要来自于凿岩作业，约占洞内空气中含尘量来源的 85%，其次是由爆破产生的约占 10%，而由装渣作业产生的只占 5% 左右。为了使洞内空气中的岩尘量达到国家规定标准值（即含 10% 以上游离二氧化硅的粉尘量应在 $2mg/m^3$ 以下）。因此必须大力推广湿式凿岩，这是防尘的主要措施。但是只靠湿式凿岩，还是不够的，必须要采取综合措施。"防尘四化"是经过长期实践而总结出的防尘工作，即湿式凿岩标准化、机械通风经常化、喷雾洒水正规化、个人防护普遍化。

（1）湿式凿岩标准化。湿式凿岩，即打"水风钻"，根据风钻内供水方式不同，又分为旁侧供水和中心供水。

（2）机械通风经常化。机械通风可稀释空气中的粉尘含量，是降低洞内粉尘含量的重要手段。因此，在一般主要作业（钻眼、装渣等）进行期间，应始终保持风机的运转。

（3）喷雾洒水正规化。喷雾洒水不仅能降低因爆破、出渣等所产生的粉尘，而且还能溶解少量的有害气体（如一氧化碳、硫化氢等），并能降低温度，使空气清新爽人。

（4）个人防护普遍化。主要指戴防尘口罩。

4.6.5 隧道三管两线布置

为了文明施工，现在都是标准化的"三管两线"布置，隧道三管两线布置图如图 4-49 所示。"三管"指的是通风管、排水管、给水管。"两线"指的是高压动力线和低压照明线。这样布置的目的在于：减少对施工的干扰，例如台车行走、出渣；安全；便于安装拆卸；养护方便。

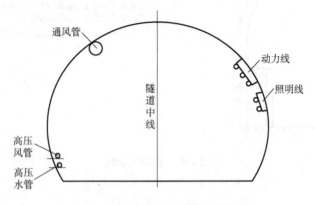

图 4-49　隧道三管两线布置图

4.6.6　施工常见问题及质量验收

1. 施工常见问题

（1）施工时各种机械设备和运输设备会产生大量的有毒有害气体，容易造成严重的氧气消耗并且污染隧道内的空气质量。

（2）风管未吊挂平直，出现褶皱；风管破损未及时修补或更换。

（3）通风机和通风管的性能匹配不合理，导致系统无法正常运行，损坏设备。

2. 质量验收

（1）空压机站设备能力，应能满足同时工作的各种风动机具的最大耗风量和足够的风压。

（2）供水方案及设备的配置应能满足工程及生活用水的需要，使用前必须经过水质鉴定，符合国家工程用水及生活用水的水质标准。

（3）洞内照明和动力线路安装在同一侧时，必须分层架设，电线悬挂距人行地面的距离，电压在 110V 以下时不应小于 2m，电压在 400V 时应大于 5m，电压在 6~10kV 时不应小于 5m。瓦斯地段的电缆应沿侧壁铺设，不得悬空架设。

（4）承包人应将施工期间通风设计提交监理批准，并须为每座隧道的掘进提供已批准进场的通风设施。风速和风量要求：全断面开挖（包括竖井）时应不少于 0.15m/s，坑道内应不小于 0.25m/s，但均不得大于 6m/s；供风量应保证每人供应新鲜空气不小于 $3m^3$/min。

4.7 监控量测

4.7.1 隧道监控量测的定义

隧道现场监控量测是指在隧道施工过程中，对围岩和支护、衬砌受力状态的量测。现场监控量测是监视围岩稳定，判断支护、衬砌结构设计是否合理，以及施工方法是否正确的一种手段；也是保证新奥法安全施工、提高经济效益的重要条件；为施工中可能发生的工程变更提供科学依据；它贯穿隧道施工的全过程。

4.7.2 监控量测的目的与任务

1. 监控量测的目的

（1）掌握围岩动态和支护结构的工作状态，利用量测结果修改设计，指导施工。

（2）预见事故和险情，以便及时采取措施，防患于未然。

（3）积累资料，为以后的新奥法设计提供类比依据。

（4）为确定隧道安全提供可靠的信息。

（5）量测数据经分析处理与必要的计算和判断后，进行预测和反馈，以保证施工安全和隧道稳定。

2. 监控量测的任务

（1）通过对围岩与支护的观察和动态量测，以达到合理安排隧道施工程序、进行日常施工管理、确保施工安全、修改设计参数和积累资料的目的。

（2）通过对围岩和支护的应变、应力量测，掌握围岩和支护的动态信息并及时反馈、修改支护系统设计、指导施工作业和管理等。

（3）经量测数据的分析处理与必要的计算和判断后，进行预测和反馈，以保证施工安全和隧道围岩及支护衬砌结构的稳定。

（4）对已有隧道工程的量测结果，可以分析和应用到其他类似工程中，作为指导复合式衬砌设计和施工的重要依据。复合式衬砌的设计，通常以工程类比法为主，并以现场监控量测进行工程实际检验和修正。因此施工、设计单位必须紧密配合，共同研究，才能保质保量地完成设计与施工工作。

施工信息包括施工观察、现场地质调查和现场监控量测等内容。施工信息是隧道开挖后围岩稳定性的动态反映，也是修正设计的重要依据，必须对反馈的信息作全面分析，最后才能确认或修改复合式衬砌设计参数。简言之，量测是监控的手段，监控是量测的目的。

4.7.3 主要量测项目的量测

对开挖工作面的工程地质与水文地质观察和描述，对于判断围岩稳定性和预测开挖面前方的地质条件是十分重要的，开挖面附近初期支护状态的观察和裂缝描述，对直接判断围岩的稳定性和支护参数的检验也是不可缺少的。因此，将该两项的观察与描述定为各级围岩都应采用的第一项必测项目。通常Ⅳ~Ⅵ级围岩为软弱破碎岩层，其稳定性差，如果覆盖层厚度又很薄，那么隧道开挖时地表会产生下沉。为了判定开挖对地面的影响程度和范围，因此有必要进行地表下沉量测。

1. 地表沉降

（1）测点埋设与监测

①基点埋设在隧道开挖纵、横向3~5倍洞径外的区域，参照标准水准点埋设方法，埋设2个基点，以便互相校核，所有基点应和附近水准点联测取得原始高程。

②在测点位置，开挖成长、宽、深均为200mm的坑，然后，放入地表测点预埋件（自制），测点四周用混凝土填实，待混凝土固结后即可量测。

③地表下沉用高精度水准仪进行观测。观测时坚持四固定原则，即施测人员固定、测站位置固定、测量延续时间固定、施测顺序固定。从地表设点观测，根据下沉位移量判定开挖对地表下沉的影响，以确定隧道支护结构。

（2）测量方法。地表下沉采用闭合测量法，这样有利益检查测量是否有误，当闭合差超过3mm时，必须重新测。在地形较陡、视线不通时一站不能测完，此时可以设置转点。当地表下沉到2~4cm时要加强观测，必要时给业主出预警报告。

2. 拱顶下沉

由已知高程的临时或永久水准点（通常借用隧道高程控制点），使用较高精度的水准仪，就可观测出隧道拱顶或隧道上方地表各点的下沉量及其随时间的变化情况。

测点布设方法是在拱顶中心位置，常与周边量测点布设在一起，即布设在主量测断面。用凿岩机钻孔，然后将耦合剂（锚固剂）置入孔中，最后将收敛预埋件敲入，旋正收敛钩，以利收敛计悬挂和观测。待凝固后，拱顶下沉量测采用收敛计进行数据采集，拱顶下沉量测方法如图4-50所示。

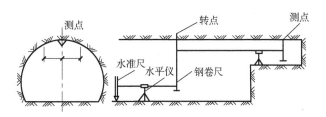

图 4-50 拱顶下沉量测方法

4.7.4 数据整理与成果分析

1. 数据整理

将现场测得的数据整理成拱顶下沉及周边收敛的位移与时间变化曲线,即 U-t 曲线;同时还要给出位移速率与时间变化曲线,即 V-t 曲线。每次测得的数据应立即进行整理,并把整理结果点在变化曲线挂图上,画出曲线。这一环节的工作不应超过 24h,发现问题或异常情况应分析原因,提请施工方注意,必要时应重测(紧急情况应立即重测)。

2. 成果分析

监测成果在排除测量误差引起的 U-t 和 V-t 曲线的突变后,发现曲线有突变和反弯点时,要调高观测的频率,同时要加强现场支护效果观测,注意现场的支护是否有开裂、起皮、剥落现象,若存在这些现象,则要提醒施工方注意工艺控制和工序调节,并作适当的支护加强工作,控制变形引起的施工破坏和不安全因素。

4.8 特殊地质地段的施工与地质预报

4.8.1 基础知识

我国地域面积广阔,地形地质条件较为复杂,很大程度上增加了隧道工程的施工难度,不良和特殊地质是其中典型的问题,严重影响隧道工程的施工进度和质量,通常而言,隧道质量的优劣首先取决于施工单位对地质情况的掌握了解程度,当工程区域中不良地质地段较多时,很有可能延长工程施工周期、提升工程整体造价,甚至会引发重大安全事故,给施工企业带来巨大经济损失,因此,必须加大对不良、特殊地质的研究,采取针对性解决措施,保障隧道施工的顺利进行。

隧道工程特殊地质地段分类：特殊地质包括湿陷性黄土、冻土软土、膨胀性围岩、断层等。特殊地质会影响到隧道工程的施工进度，且会增加工程的投资成本，施工单位在遇到特殊地质时，不能采取无视的态度，必须结合相关加固措施，合理处理特殊地质地段，如强夯法、填石法等。

4.8.2 特殊地质地段施工

1. 膨胀性围岩地段

膨胀性围岩是指矿物成分主要由亲水性矿物组成，同时具有吸水显著膨胀软化和失水收缩硬裂两种特性，且具有湿胀干缩往复变形的高塑性黏性土。决定膨胀性的亲水矿物主要是蒙脱石黏土矿物，膨胀性围岩如图 4-51 所示。

吸水膨胀软化与失水收缩硬裂导致原生裂隙扩张而产生裂缝，进而使得初期支护混凝土开裂，钢拱架弯曲变形

图 4-51　膨胀性围岩

鉴于膨胀性围岩对隧道施工的严重危害，因此在施工时施工要注意：

（1）加强调查量测围岩的压力与流变。调查量测围岩压力与流变情况，分析其变化规律。探明地下水分布范围与规律，了解水对施工的影响程度。

（2）合理选择施工方法。围岩压力的施工效应是导致隧道变形病害的主要原因。应尽量减少扰动围岩、防止浸湿，宜采用无爆破掘进法。尽可能缩短围岩暴露时间、及时衬砌。

（3）防止围岩湿度变化。应及时喷射混凝土，封闭与支护围岩。应切断水源并加强洞壁与坑道的防、排水措施，防止施工积水。

（4）合理进行围岩支护。喷锚支护，稳定围岩；衬砌结构及早闭合。

2. 湿陷性黄土地段

湿陷性黄土是指在上覆土层自重应力作用下，或者在自重应力和附加应力共同作用下，因浸水后土的结构破坏而发生显著附加变形的土，属于特殊土。有些杂填土也具有湿陷性。广泛分布于我国东北、西北、华中和华东部分地区的黄土多具湿陷性。湿陷性黄土如图 4-52 所示。

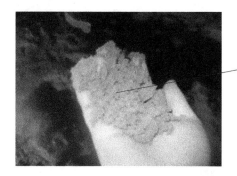

图 4-52　湿陷性黄土

湿陷性黄土坍塌如图 4-53 所示。

图 4-53　湿陷性黄土坍塌

湿陷性黄土隧道施工方法与原则：

（1）做好黄土中构造节理产状与分布状况的调查。

（2）遵循"短开挖、少扰动、强支护、实回填、严治水、勤量测"的施工原则。

（3）采用短台阶、超短台阶法、环形开挖留核心土法。

（4）做好洞顶、洞门及洞口的防、排水系统工程。

3. 溶洞地段

溶洞是以岩溶水的溶蚀作用为主，同时因潜蚀与机械塌陷作用而造成的基本水平方向延伸的通道。

岩溶是指可溶性岩层（如石灰岩、白云岩、白云质灰岩、石膏、岩盐等）受水的化学与机械作用而产生沟槽、裂缝和空洞，以及由于空洞顶部塌落使地表产生陷穴、洼地等类现象和作用。溶洞如图 4-54 所示。

图4-54 溶洞

隧道遇到溶洞时的施工方法可概括为:"引、堵、越、绕"。

(1) 引。遇到暗河或溶洞有水流时,宜排不宜堵。引流如图4-55所示。

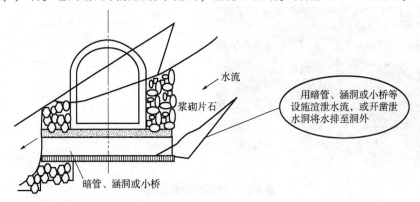

图4-55 引流

(2) 堵。干砌片石封堵如图4-56所示。

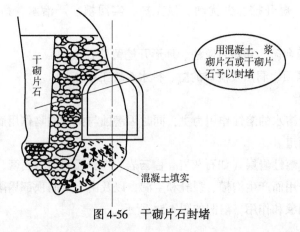

图4-56 干砌片石封堵

网锚喷加固如图 4-57 所示。

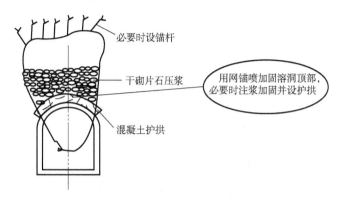

图 4-57　网锚喷加固

（3）越。侧边墙基础加深如图 4-58 所示。

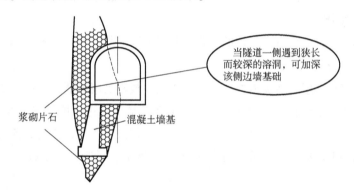

图 4-58　侧边墙基础加深

浆砌片石承重墙如图 4-59 所示。

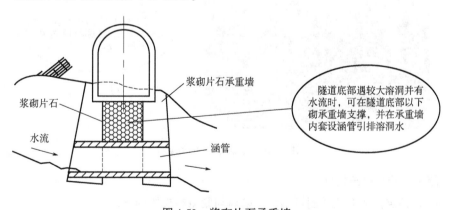

图 4-59　浆砌片石承重墙

隧道底部的溶洞砌拱如图 4-60 所示。

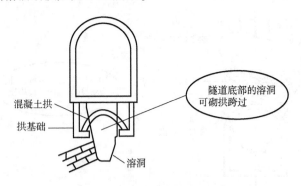

图 4-60　隧道底部的溶洞砌拱

(4) 绕。在岩溶区施工,个别溶洞处理耗时且困难时,可采取迂回导坑绕过溶洞继续进行隧道前方的施工,以节省时间,加快施工进度,同时处理溶洞。

4. 瓦斯地段

瓦斯是地下坑道内有害气体的总称,其成分以沼气(甲烷 CH_4)为主,一般习惯称沼气为瓦斯。

当隧道穿过煤层、油页岩或含沥青等岩层,或从其附近通过而围岩破碎、节理发育时,可能会遇到瓦斯。如果洞内空气中瓦斯浓度已达到爆炸限度与火源接触,就会引起爆炸,对隧道施工会带来很大的危害和损失。所以,在有瓦斯的地层中修建隧道,就必须采取相应措施,才能完全顺利施工。瓦斯爆炸事故现场如图 4-61 所示。

图 4-61　瓦斯爆炸事故现场

施工时防止事故措施:
(1) 预定探测方法并制订稀释、防爆与紧急救援措施等。

（2）宜采用全断面开挖法。

（3）加强通风，决不允许自然通风。

（4）按规定控制洞内瓦斯浓度，超过限度应立即撤走人员，切断电源。

（5）停电检修之后必须经检测人员确认无危险后方可复工。

（6）通风难于控制瓦斯浓度时，可采用全周帷幕注浆，开挖后及时喷锚支护。

（7）采用各类防爆设备。

4.8.3　地质预报

隧道地质预报是在隧道开挖时，对掌子面前方及其周边（主要是铁路隧道）的围岩与地层情况做出超前预报。

超前地质预报常用的物探方法有很多，分类不尽相同。根据《客运专线铁路隧道工程施工技术指南》（TZ 214——2005），下文介绍几种物探方法及其适用范围，其中地震波法超前预报是当前应用的主流。

1. 机械钻探

使用超前地质钻杆在隧道断面的若干个部位进行钻探，依据钻杆内岩土结构、构造及水文地质判定前方围岩的性质。一般取隧道断面的三个点，中上部、左侧、右侧，将钻探出的围岩综合对比分析然后按每两米一个断面记录其围岩状况。超前钻杆的长度不等，一般以 20m 为主流产品规格。

2. 电法

直流电法：超前探测隧道掌子面和侧帮的含水构造。

高密度电阻法：探测岩溶、洞穴、地质界线。

3. 电磁法

甚低频法：①探测隐伏断层、破碎带；②探测岩体接触带；③探测含水构造及地下暗河等。

地质雷达：①探测隐伏断层、破碎带；②探测地下岩溶、洞穴；③探测地层划分。

4. 地震波法和声波法

折射波法：①划分隧道围岩级别；②测定岩体的纵波值。

反射波法：①划分地层界线；②探测隐伏断层、破碎带；③探测地下洞穴；④测定含水层分布。

散射波法：①划分地层界线；②探测隐伏断层、破碎带；③探测地下洞穴；④测定含水层分布；⑤确定围岩速度。

5. 红外线法

红外线地下水探测：①探测局部地温异常现象；②判断地下脉状流、脉状含水带、隐伏含水体等所在的位置。

4.8.4 施工注意事项

（1）施工前应对工程地质和水文地质资料进行详细分析，制订相应的施工方法和措施。

（2）施工指导原则为"先治水、短开挖、弱爆破、强支护、早衬砌、勤检查、稳步前进"。

（3）隧道开挖方式应视地质、环境、安全等条件合理选用。

（4）特殊地质、地段隧道衬砌应防止围岩松弛，防止衬砌出现开裂、下沉等不良现象。

（5）充分考虑、合理采用预支护与预加固措施。

第5章 公路隧道新奥法施工技术

5.1 新奥法施工

1. 新奥法施工特点

（1）及时性。新奥法施工采用喷锚支护为主要手段，可以最大限度地紧跟开挖作业面施工，因此可以利用开挖施工面的时空效应，以限制支护前的变形发展，阻止围岩进入松动的状态，在必要的情况下可以进行超前支护，加之喷射混凝土的早强和全面黏结性因而保证了支护的及时性和有效性。

在巷道爆破后立即施以喷射混凝土支护能有效地制止岩层变形的发展，并控制应力降低区的伸展而减轻支护的承载，增强了岩层的稳定性。

（2）封闭性。由于喷锚支护能及时施工，而且是全面密黏的支护，因此能及时有效地防止因水和风化作用造成围岩的破坏和剥落，制止膨胀岩体的潮解和膨胀，保护原有岩体强度。

巷道开挖后，围岩由于爆破作用产生新的裂缝，加上原有地质构造上的裂缝，随时都有可能产生变形或塌落。当喷射混凝土支护以较高的速度射向岩面，可以很好地充填围岩的裂隙、节理和凹穴，很大程度上提高了围岩的强度。同时喷锚支护起到了封闭围岩的作用，隔绝了水和空气同岩层的接触，使裂隙充填物不致软化、解体而使裂隙张开，导致围岩失去稳定。

（3）黏结性。喷锚支护同围岩能全面黏结，这种黏结作用可以产生三种作用：

1）连锁作用，即将被裂隙分割的岩块黏结在一起。若围岩的某块危岩活石发生滑移坠落，则引起临近岩块的连锁反应，相继丧失稳定，从而造成较大范围的冒顶或片帮。开巷后如能及时进行喷锚支护，喷锚支护的黏结力和抗剪强度可以抵抗围岩的局部破坏，防止个别危岩活石滑移和坠落，从而保持围岩的稳定性。

2）复合作用，即围岩与支护构成一个复合体（受力体系）共同支护围岩。喷锚支护可以提高围岩的稳定性和自身的支撑能力，同时与围岩形成了一个共同工作的力学系统,具有把岩石荷载转化为岩石承载结构的作用,从根本上改变了支架消极承担的弱点。

3)增加作用。开巷后及时继进行喷锚支护,一方面将围岩表面的凹凸不平处填平,消除因岩面不平引起的应力集中现象,避免过大的应力集中所造成的围岩破坏;另一方面,使巷道周边围岩由双方向受力状态,提高了围岩的黏结力和内摩擦角,也提高了围岩的强度。

(4)柔性。喷锚支护属于柔性薄性支护,能够和围岩紧黏在一起共同作用,由于喷锚支护具有一定柔性,可以和围岩共同产生变形,在围岩中形成一定范围的非弹性变形区,并能有效控制允许围岩塑性区有适度的发展,使围岩的自承能力得以充分发挥。另一方面,喷锚支护在与围岩共同变形中受到压缩,对围岩产生越来越大的支护反力,能够抑制围岩产生过大变形,防止围岩发生松动破坏。

2. 新奥法适用范围

1)具有较长自稳时间的中等岩体。
2)弱胶结的砂和石砾以及不稳定的砾岩。
3)强风化的岩石。
4)刚塑性的黏土泥质灰岩和泥质灰岩。
5)坚硬黏土,带坚硬夹层的黏土。
6)微裂隙的,但具有很少黏土的岩体。
7)在很高的初应力场条件下,坚硬的和可变坚硬的岩石。

5.2 新奥法施工开挖方式

隧道工程采用新奥法施工时常用的施工方法,一般分为全断面法、台阶法和分部开挖法(台阶分部法、中隔墙法、双侧壁导坑法、交叉中隔壁法等)三大类。

1. 全断面法

全断面法(图 5-1)即全断面开挖法,是指按设计开挖面一次开挖成形。

(1)全断面法开挖工艺流程。超前地质预报——测量放线——钻孔——装药起爆——通风排烟——清危排险——出渣——初喷——锚喷支护——进入下一循环。

(2)全断面开挖。使用移动式钻孔台车,首先全断面一次钻孔,并进行装药连线,然后将钻孔台车后退到 50m 以外的安全地点,再起爆,使一次爆破成形,出渣后钻孔台车再推移至开挖面就位,开始下一个钻爆作业循环,同时进行支护与衬砌

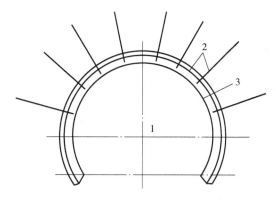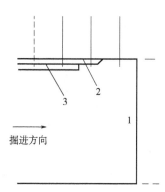

图 5-1　全断面法
1——全断面开挖　2——锚喷支护　3——模筑混凝土衬砌

作业。全断面开挖如图 5-2 所示。

图 5-2　全断面开挖

全断面开挖法有较大的作业空间，有利于采用大型配套机械化作业，提高施工速度，且工序少、干扰少，便于施工组织和管理。缺点是由于开挖面较大，围岩相对稳定性降低，且每循环工作量相对较大，因此要求施工单位应具有较强的开挖、出渣与运输及支护能力。

（3）锚喷支护。锚喷支护是由锚杆和喷射混凝土面板组成的支护。其主要作用是限制围岩变形的自由发展，调整围岩的应力分布，防止岩体松散坠落。既可作为施工过程中的临时支护使用，也可在某些情况下作为永久支护或衬砌。锚喷支护如图 5-3 所示。

（4）模筑混凝土衬砌。模筑混凝土衬砌是道路隧道永久支护的方法之一，衬砌好坏直接影响整个隧道的工程质量和使用，因此，在施工中必须注意保证质量，符合设计要求。模筑混凝土衬砌如图 5-4 所示。

图 5-3 锚喷支护

利用高压气体,将掺有速凝剂的混凝土混合料通过混凝土喷射机与高压水混合,喷射到岩面上,迅速凝固而成

图 5-4 模筑混凝土衬砌

混凝土衬砌灌注自下而上,先墙后拱,对称浇筑

具体施工工序:监控量测确定施作二次衬砌时间——断面检查——布设衬砌台车轨道——安装防水层——安装衬砌钢筋——台车就位——台车净空、衬砌厚度检查——台车面板整修涂脱模剂、台车加固、输送管安装、挡头板安装——混凝土配料、拌和、运输——混凝土浇筑——拆模、养护、衬砌内净空检查、外观检查。

2. 台阶法

台阶法一般是将设计断面分成上半断面和下半断面两次开挖成形,如图 5-5 所示。

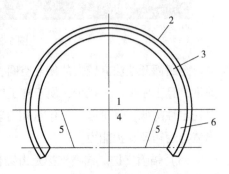

图 5-5 台阶法
1—上半部开挖 2—拱部锚喷支护
3—拱部衬砌 4—下半部中央部开挖
5—边墙部开挖 6—边墙锚喷支护及衬砌

(1) 台阶法开挖的特点

1) 台阶法开挖具有足够的作业空间和较快的施工速度。台阶法有利于开挖面

的稳定性，尤其是上部开挖支护后，下部作业则较为安全。

2）台阶法开挖的缺点是上、下部作业互相干扰，所以应注意下部作业时对上部稳定性的影响，台阶开挖会增加对围岩的扰动次数等。

3）台阶法开挖宜采用轻型凿岩机打眼，而不宜采用大型凿岩台车。

（2）台阶法开挖工艺流程。上半部开挖——→拱部锚杆喷射混凝土支护——→拱部衬砌——→下半部中央部分开挖——→边墙部分开挖——→边墙锚杆喷射混凝土支护及衬砌。

（3）台阶法开挖。台阶法开挖分为上、下两个台阶进行开挖，如图 5-6 所示。先开挖上部台阶，上部台阶开挖完成后施作上部洞身结构的初期支护，即初喷 4cm 厚混凝土，架立钢架，然后布设系统锚杆后复喷混凝土至设计厚度。上台阶施工至 35m 后，开挖下部台阶，及时封闭初期支护。下台阶开挖采用中间拉槽、两边开挖方式。即中间修便道便于机械出渣及其他作业施工，完成后及时灌注该段仰拱及仰拱回填混凝土。最后利用衬砌模板台车一次性灌注二次衬砌（拱墙衬砌一次施作）。

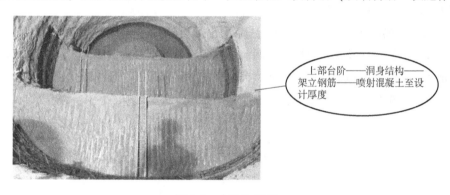

图 5-6　台阶法开挖

3. 分部开挖法

分部开挖法可分为台阶分部法、中隔墙法、双侧壁导坑法、交叉中隔壁法等。它是将隧道开挖断面进行分部开挖逐步成型，并且将某部分超前开挖，故此可称为导坑超前开挖法。

（1）台阶分部法。台阶分部法又称环形开挖留核心土法，如图 5-7 所示，适用于一般土质或易坍塌的软弱围岩地段。上部留核心土可以支撑开挖工作面，利用及时施作拱部初期支护，增强开挖工作面的稳定，核心土及下部开挖在拱部初期支护下进行，这样施工安全性较好。一般环形开挖进尺不宜过长，上、下台阶可用单臂掘进机开挖。

台阶分部开挖法的主要优点是，与微台阶法相比，台阶可以加长，一般双车道

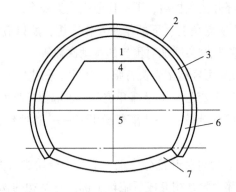

图 5-7　台阶分部法

1—上弧形导坑开挖　2—拱部锚喷支护　3—拱部衬砌　4—中央核心土开挖
5—下部开挖　6—边墙锚喷支护及衬砌　7—灌注仰拱

隧道为 1 倍洞跨，单车道隧道为 2 倍洞跨；而较双侧壁导坑法的机械化程度高，机械化施工可加快施工速度。

（2）中隔墙法（CD 法）。该方法适用于围岩较差、地表沉陷难于控制或浅埋跨度较大的隧道。特点是单侧导坑超前，中壁和另侧正台阶法施工，极大地降低了拱顶和边墙位移，但仰拱为薄弱环节，施工中易出现开裂，且围岩变化时不易调整施工方法。中隔墙法的开挖与支护顺序如图 5-8 所示。

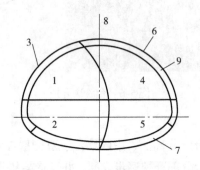

图 5-8　中隔墙法的开挖与支护顺序

1—先行导坑上部开挖　2—先行导坑下部开挖
3—先行导坑锚喷支护、设置中隔墙临时支撑　4—后行导坑上部开挖
5—后行导坑下部开挖　6—后行导坑锚喷支护　7—灌注仰拱混凝土
8—拆除中隔壁　9—灌注全周衬砌

（3）双侧壁导坑法。该方法适用于浅埋大跨度隧道，地表下沉量要求严格，围岩条件特别差的情况。双侧壁导坑法的开挖与支护顺序如图 5-9 所示。此法的优点

是，施工安全可靠，但施工速度较慢，造价较高。

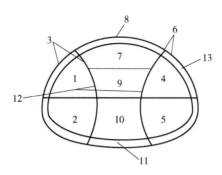

图 5-9　双侧壁导坑法的开挖与支护顺序

1—先行导坑上部开挖　2—先行导坑下部开挖
3—先行导坑锚喷支护，设置临时壁墙支撑　4—后行导坑上部开挖
5—先行导坑下部开挖　6—后行导坑锚喷支护，设置临时壁墙支撑
7—中央部拱顶开挖　8—中央部拱顶锚喷支护　9、10—中央部其余部开挖
11—灌注仰拱混凝土　12—拆除临时壁墙　13—灌注全周衬砌

(4) 交叉中隔壁法 (CRD 法)。为了增加开挖面的稳定，控制下沉量，可采用增设临时仰拱的措施封闭成环，即交叉中隔墙法 (CRD 法) 开挖施工顺序如图 5-10 所示。

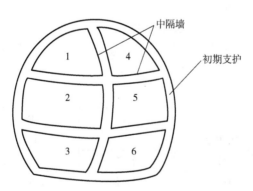

图 5-10　交叉中隔壁法 (CRD 法) 开挖施工顺序

1—左侧上部开挖　2—左侧中部开挖　3—左侧下部开挖
4—右侧上部开挖　5—右侧中部开挖　6—右侧下部开挖

此法适用于浅埋软岩的大跨或特大跨隧道，它具有台阶法及侧壁导坑法的优点，与侧壁导坑法相比具有较快的施工速度。同时，通过中隔墙的减跨、临时仰拱及时封闭成环组成有力的支护体系，能非常有效地控制拱部下沉与收敛。此法最适

用于上软下硬或半软半硬的地层，一旦下部围岩变硬，马上可以转化为上弧形导坑法施工，半软半硬地层转化为中隔墙法施工，施工方法比较灵活。

（5）分部开挖的注意事项

①其工作面多，但作业面较小，因而相互干扰较大，应实行统一指挥，注意组织协调。

②应尽量创造条件，减少分部次数，尽可能争取用大断面开挖。

③因多次开挖对围岩的扰动较大，不利于围岩的稳定，故应特别注意加强对爆破开挖的设计与控制。

④凡下部开挖均应注意上部支护或衬砌结构的稳定，减少对上部围岩和支护、衬砌结构的扰动和破坏，尤其是边傍部开挖时必须采用两侧交错挖马口施作，避免上部断面两侧拱脚同时悬空。

⑤认真加固拱脚，如扩大拱脚、打拱脚锚杆、加强纵向连接等，使上部初期支护与围岩形成完整体系；尽量单侧落底或双侧交错落底，落底长度视围岩状况而定。

⑥量测工作必须及时，以观察拱顶、拱脚和边墙中部的位移值，当发现速率值增大时，应立即进行仰拱封闭。

4. 各种开挖方法比较

开挖方法比较见表 5-1。

表 5-1 开挖方法比较

项目	台阶法	中隔墙法（CD 法）	双侧壁导坑法	交叉中隔壁法（CRD 法）
工法的安全性	不够安全	较安全	安全	安全
施工技术难度	较低	较高	高	高
施工机械类型	大、中型	中、小型	小型	小型
施工工序	较简单	较多	多	多
工程造价	较高	较高	高	高

5.3 新奥法施工案例展示

本小节通过××公路隧道施工实例，介绍以新奥法原理为指导的公路隧道施工方法、施工步骤以及不良地质段的应对措施，简述新奥法原理的应用及施工经验。

1. 工程设计及地质概况

××隧道位于某市西南方向30km处,是××公路段内唯一一座隧道,隧道全长220m,内设双车道及两侧人行道,隧道净宽817m,净高6175m,最大开挖断面面积为86m²。全段曲线,曲线半径为270m。隧道通过地段属"重丘山岭"地貌,地形切割强烈,岩石节理发育。隧道全段埋深较浅,最大埋深不足50m。围岩性质以泥钙质页岩为主。进口及出口端风化严重,中间穿越断层破碎带有2处,施工难度极大。鉴于不良地质状况,该公路隧道从设计到施工都在新奥法原理指导下进行。

依据新奥法原理进行设计,该隧道采用由初期锚喷支护和二次模筑混凝土组成的复合式衬砌。在隧道不良地质段还增加了超前小导管注浆、超前锚杆、栅格钢架等加强支护措施。

2. 施工方案的确定

鉴于隧道地质条件复杂,隧道断面净空较大,而隧道洞身较短。为确保施工安全质量,经过经济、技术比较,确定采取分层开挖、全断面二次衬砌的正向台阶施工方案。在确定上、下分层高度时,考虑装渣设备(侧卸式装载机ZLC-40B)活动空间将上分层高度定在419~512m,以保证装载机有足够空间运行而不致影响施工进度。上、下分层滞后距离(台阶长度)确定为50m,以保证上、下分层多工作面平行作业。

3. 洞口段施工

在洞门表土剥离施工过程中,利用反铲挖掘机爬坡能力强、活动范围大的特点,采用不爆破或弱爆破,挖掘机开挖掘洞门土石方。该隧道进、出口两端岩层节理发育,且风化严重。为保证洞口围岩的完整性,减少暴露时间,在开挖洞口表土后及时对洞门边、仰坡以及截水天沟进行处理。洞门边、仰坡及地表处理采用预加固砂浆锚杆,锚杆选用"20MnSi"钢筋按112~115m间距作梅花形布置,然后进行挂网,后喷混凝土封闭洞门范围内的所有外露部分,防止边、仰坡因暴露时间过长继续风化和雨水冲刷造成失稳。

洞门进洞开挖前,在拱部开挖线外打双层环形超前小导管注浆加固岩层,导管环间距及洞顶开挖线距均为15m,小导管布置示意图如图5-11所示。所有小导管外露端都通过钢筋网及喷混凝土与底锚杆及洞内锚杆相连形成整体,然后进行上分层开挖并及时架设工型钢支撑,用C20喷射混凝土封闭。

隧道出口因地形限制不能增设开挖工作面。在隧道上分层单头掘砌至出口约20m处时采用小导洞施工穿越出口地表。通过小导洞铺设压风及压力水管路至出

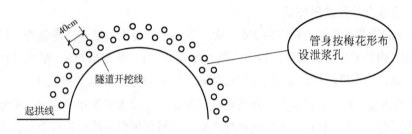

图 5-11 小导管布置示意图

口,在地表进行出口边、仰坡施工,反向开挖刷大导洞至设计断面并及时进行锚喷及采用钢支撑临时支护创造洞内全断面贯通条件。

4. 洞身施工

开挖分上、下半断面进行,上分层超前下分层50m,初期支护紧随工作面。下分层开挖时为确保上分层出渣,以隧道中心线为分界线先开挖一侧并于另一侧增设斜坡道。左、右两侧开挖交替进行,同时施作喷锚支护,最后进行二次衬砌。利用公路隧道开挖断面大的特点,从空间和时间上布置多个工作面平行作业,工作面及施工现场布置如图5-12所示。

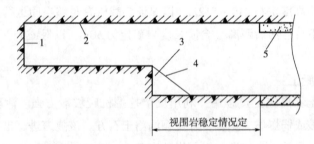

图 5-12 工作面及施工现场布置示意
1—上分层开挖工作面 2—上分层初次支护工作面
3—下分层开挖工作面 4—下分层预留斜坡道 5—二次衬砌工作面

上分层开挖采用ZLC-40B侧卸式装载机装渣,东风翻斗车运渣的出渣方式;下分层开挖采用6m³反铲式挖掘机装渣,东风翻斗车运渣的出渣方式。

在工作面开挖、出渣和清理后及时进行初喷以及架立栅格钢架,待喷射混凝土凝固后再打设径向锚杆、挂网。然后进行复喷,直至达到设计厚度以完成初期支护。除初喷及锚杆在开挖完成后及时进行外,栅格钢架的架立、复喷混凝土工序都与开挖工作面钻眼工序平行作业,以保证初期支护及时受力和加快施工进度。

为保证隧道建成后达到防水要求,在二次衬砌与初期喷锚支护之间全段铺设橡胶防水板,安装透水管沟、橡胶止水带等,然后进行二次模筑混凝土衬砌,衬砌模筑混凝土采用定制的简易台车，在轨道上滑行。

5. 不良地质段施工方法

在通过2处断层破碎带施工时，采取超前支护、先护后挖的原则。该隧道设计有超前小导管以及栅格钢架加固措施，在实际施工过程中对设计支护形式作了变更：原设计的砂浆锚杆因操作复杂、凝固时间长而被改用为"ZW"药包锚杆，后者操作简单方便，药包凝固速度快，能尽快起到锚固围岩的作用；原设计的栅格钢拱架在断层破碎带使用中因地压过大较易变形，后改用强度较高的工型钢支撑。

为保持围岩稳定实施短掘短砌的作业方式，每次开挖进尺严格控制在1m一个循环与工型钢拱架。

每架间距1m相适应。在下一循环小导管注浆前喷混凝土封闭工作面，小导管用用外径42mm、壁厚5mm、长415m的热轧无缝钢管，钢管前端加工成锥形，四周相间凿直径10mm出浆孔。小导管环向间距为40cm，以小于15°的插角用风钻钻入岩层，小导管尾端以工型钢拱架为支座并与之焊接牢固。每循环小导管之间的水平搭接间距不小于1m。每一循环开挖完成后，立即初喷50mm厚混凝土层，架立工型钢拱架，打入径向锚杆以及钢架锁脚锚杆、挂网，然后复喷至设计厚度并完全覆盖工型钢拱架，保护层在30mm以上。

6. 监控量测

监控量测在新奥法施工中占重要地位，通过现场量测获得围岩力学动态和支护工作状态的信息，用以检验设计、施工是否正确，监视围岩和支护是否安全稳定，以调整围岩支护方式和掌握确定永久衬砌时机。隧道监控量测主要项目和内容：洞外地表沉降量测；净空水平收敛量测；拱顶下沉量测。量测点位布置如图5-13所示。

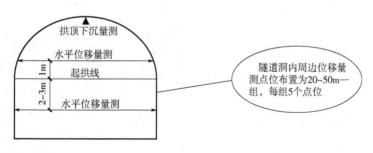

图5-13 量测点位布置

量测主要仪器选用SWJ-81型隧道周边收敛仪、全站仪以及其他辅助工具。

第6章 公路附属设施的施工技术

6.1 公路安全设施施工

6.1.1 护栏

1. 护栏结构类型

护栏的作用是通过自体变形或车辆爬高来吸收碰撞能量,以改变车辆行驶方向、阻止车辆越出路外或进入对向车道,最大限度地减少事故对车辆乘员的伤害。

护栏的类型按设置地段,分为路基护栏和桥梁护栏;按横断面设置位置,分为路侧护栏和中央分隔带护栏;按护栏刚性,分为刚性护栏、半刚性护栏和柔性护栏;按护栏材料,分为砌石护栏、混凝土护栏和波形梁钢护栏。

2. 路基护栏

设置于路基上的护栏称为路基护栏。常用路侧护栏按防撞等级可分为 B、A、SB、SA、SS 五级;常用中央分隔带护栏按防撞等级可分为 Am、SBm、SAm 三级。常见的路基护栏按结构形式分缆索护栏、波形梁护栏、混凝土(墙式)护栏三种类型。

(1)缆索护栏。缆索护栏是柔性护栏的主要代表形式,由端部结构、中间端部结构、中间立柱、托架、缆索和索端锚具等组成,如图 6-1 所示。缆索护栏可设置在路侧、中央分隔带等位置。

(2)缆索及锚具。缆索应采用具有优良耐腐蚀性的镀锌钢丝,构造为 $\phi 3mm \times 7$,右拧,外径 18mm。缆索的

图 6-1 缆索护栏

外径是指横断面的外接圆直径。索端锚具是用于端部（或中间端部）立柱上锚定缆索的部件，包括锚头拉杆、紧固件等。缆索及锚具如图6-2所示。

（3）波形梁护栏。波形梁护栏是半刚性护栏的代表形式，由端部结构、立柱、托架、波形梁等组成，如图6-3所示。波形梁护栏刚柔相济，具有较强的吸收碰撞能量的能力；能与道路线形相协调，外形美观，具有较好的视线诱导功能；可在小半径弯道上使用，且损坏处容易更换。

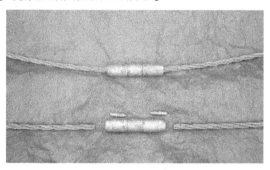

图6-2 缆索及锚具

（4）钢筋混凝土防撞护栏。钢筋混凝土防撞护栏属于刚性护栏，其混凝土强度等级、配筋量和基础设置应通过设计计算确定。可设置在路侧和中央分隔带位置。中央分隔带混凝土护栏分为整体式和分离式两种形式，按构造又可分为F型、单坡型两种形式，应根据中央分隔带的宽度、构造物和管线分布情况选用。路侧混凝土护栏防撞等级可分为A级、SB级和SA级，按构造可分为F型、单坡型、加固型三种形式，根据路侧危险情况选用。钢筋混凝土防撞护栏如图6-4所示。

图6-3 波形梁护栏

（5）砌石护栏（防撞墩）。砌石护栏是用砂浆和石块砌筑而成，为早期公路路侧护栏的一种形式，目前多用在山区村道上，警示悬崖、深谷、深沟等险情地段，依靠自重起防护安全作用。砌石护栏（防撞墩）如图6-5所示。

图6-4 钢筋混凝土防撞护栏

3. 护栏施工

（1）混凝土护栏。

1) 现浇水泥混凝土护栏。可采用固定模板法和滑动模板法施工。固定模板宜采用钢模板，厚度不应小于4mm。混凝土浇筑前温度应维持在10~32℃。滑模机的施工速度应根据旋转搅拌车、混凝土卸载速度以及成型断面的大小决定。两处伸缩缝之间的混凝土护栏必须一次浇筑完成，伸缩缝应与水平面垂直，

图6-5　砌石护栏（防撞墩）

宽度应符合图纸的规定，缝内不得连浆。混凝土初凝后，严禁振动模板，预埋钢筋不得承受外力。应根据气温和混凝土强度确定拆模时间，一般在混凝土终凝后3~5d拆除混凝土侧模。拆模后应按图纸要求的间距和规格进行假缝切割，并保证断面光滑、平整。

2) 预制混凝土护栏。预制场地应平整、坚实、排水良好、交通方便；宜采用固定规格的钢模板；每块预制混凝土护栏必须一次浇筑完成。拆模时混凝土强度不应低于设计强度的70%。混凝土护栏的安装应从一端逐步向前推进，护栏的线形应与公路的平纵线形相协调。

（2）波形梁钢护栏施工要求。施工之前应根据设计图纸进行立柱放样，并以桥梁、涵洞、通道、立交、中央分隔带开口及紧急电话开口、互通式立体交叉等控制立柱的位置，进行测距定位。放样后应调查每根立柱下的地基状况，如遇地下管线、排水管等设施，或构造物顶部埋土深度不足的情况。应根据实际情况改变立柱固定方式或调整立柱位置。立柱放样时可利用调节板段调节间距，利用分配方法处理间距零头数。

立柱安装应与图纸相符，并与公路线形相协调。施工可采用打入法、挖埋法和钻孔法施工。钢立柱打入时，应注意不破坏预埋管线；采用挖埋法施工时，回填土应采用良好的材料并分层夯实，压实度不应小于规定值；当立柱埋入岩石时，应预先钻洞，立柱定位后应用与路基相同的材料填实。

防阻块、托架应通过连接螺栓固定于护栏板和立柱之间，在拧紧连接螺栓前应调整防阻块、托架，使其准确就位。设有横隔梁的中央分隔带护栏，应在立柱定位后安装横隔梁。在护栏板安装前，横隔梁与立柱间的连接螺栓不应过早拧紧。

4. 施工注意事项

1）护栏立柱放样应按设计图进行，根据路基中心及基准标高，并以桥梁、通道、涵洞、中央分隔带开口等为控制点，利用经纬仪、水准仪等测量仪器，进行测距定位，逐点测量标高。

2）立柱放样遇到间距零头时（非标准段），利用调整段调整间距分配零头数。

3）立柱放样后，应调查每根立柱桩位的地基情况，如遇横向排水管、分歧通信管道等预埋管线与立柱有冲突时，需调整某些立柱的位置；中央分隔带通信人井处，立柱应避开人井设置。

4）在一般路段，立柱采用打桩机打入法施工。立柱打入时要精确定位，打入过深时应将其全部拔出，待基础压实后再重新打入。

5）中央分隔带大中小桥、明涵洞、通道上的立柱固定，按图纸要求将立柱用砂浆固定于预留孔中。

6）暗涵洞、暗通道等构造物上的立柱固定，先按设计要求现场浇筑混凝土基础，并预留立柱孔。等混凝土凝固后，将立柱用素混凝土固定于预留孔中。一般采用 C20 混凝土。

7）立柱安装完成后，进行线形调整。待线形与道路平纵线形相协调后，安装波形梁板。

8）波形梁板拼接方向与行车道方向一致，依次叠加安装。

9）波形梁板的连接螺栓及拼接螺栓不宜过早拧紧，安装过程中利用长圆孔先进行调整，形成平顺线形后，再拧紧螺栓。

6.1.2 防眩设施

防眩设施是在夜间行车时，为防止司机受到对向车辆前照灯眩目而在道路上设置的构造物，多用在高速、一级公路、快速道路的中央分隔带上，包括防眩板、防眩网、植树防眩三种形式。防眩设施可提高行车的舒适性，保证行车安全。防眩设施如图 6-6 所示。

防眩设施设计与设置，就是根据具体环境造成眩光的强弱因素，考虑采用合理、实用、经济的方式，尽量消除和减轻其对驾驶员的影响。

1. 防眩设施的功能要求

1）有效减少对向车前灯的眩目。

2）对驾驶员有积极的心理影响。

3）经济、美观、易施工、易维修。

| 植树防眩设施 | 防眩网 | 防眩板 |

图6-6 防眩设施

4）对不同方向的风力影响小，通视效果好。

5）受车辆冲击时不构成威胁。

2. 平曲线路段防眩设施的设置

在平曲线路段，车辆前照灯的光线沿曲线切线方向射出。外侧车道上的车辆前照灯光线射向路外，不会使对向车道的驾驶员产生眩目；而内侧车道车辆的前照灯光线射向外侧车道，使外侧车道上的驾驶员受到瞬间眩光的照射，心理上感到不舒适，严重的会导致瞬间失明，甚至使车辆沿切线方向越出路外造成交通事故。为在平曲线路段上获得和直线路段一样的遮光角，防眩设施的遮光角应予以调整。

3. 竖曲线路段防眩设施的设置

竖曲线路段防眩设施如图6-7所示。

（1）凸形竖曲线路段。

①防眩设施和混凝土护栏配合使用时，其下缘和护栏顶面接触，可完全遮光；与波形梁护栏配合时，护栏本身有一定宽度，可据计算确定其宽度能否满足阻挡对向车辆前照灯光线的要求。若不能，可考虑采用②、③方法。

②防眩设施和护栏高度不变，在中央分隔带上种植密集式矮灌木。

图6-7 竖曲线路段防眩设施

③降低防眩设施的下缘高度。

凸形竖曲线路段防眩设施设置的范围至少为凸形竖曲线顶部两侧各120m。

（2）凹形竖曲线路段。

①根据防眩设施高度的变化，加宽中央分隔带的宽度，种植足够的高树木。

②若防眩设施高度变化幅度较小,可取某一平均高度作为整个凹形竖曲线路段防眩设施的高度。

③在凹形竖曲线路段底部种植树篱。

为使防眩设施的高度能与道路的横断面比例协调,不使防眩设施受冲撞后倒伏在行车道上,以及减少行驶压迫感,防眩设施的高度一般不宜超过2m。

4. 防眩板设计要素(表6-1)

表 6-1 防眩板设计要素

结构设计要素	一般路段	平(竖)曲线路段
遮光角	8°	8°~15°
防眩设施高度	160~170cm	120~180cm
板宽	8~10cm	8~25cm
板的间距	50cm	50cm

6.1.3 视线诱导设施

1. 视线诱导设施的分类

视线诱导设施是指车道两侧设置的,用以指示道路方向、行车道边界以及危险路段位置的设施总称。

视线诱导设施按功能可分为:轮廓标、分流或合流诱导标、线形诱导标;其中线形诱导标又可分为指示性线形诱导标和警告性线形诱导标。按其设置方式可分为:直埋式(柱式)和附着式两种。

2. 施工前提条件

1)在施工安装前,应对全线诱导设施的埋设条件、位置、数量进行核对,并做好详细的施工组织设计。

2)反射器、柱体、支架、连接件质量应满足设计或规范要求,施工前及时到位。

3)基础混凝土用的水泥、砂、碎石、钢筋等各项原材料质量应满足设计或规范要求,并根据施工进展情况及时到位。

4)劳动力组织合理,安排专业化班组进行施工。

5)水、电、道路等作业条件满足施工需要。

3. 柱式轮廓标施工工序

(1)测量放样、开挖基础。施工前,根据设计间距要求,定出具体位置,用石灰线做标记。按照设计尺寸要求开挖基坑，并清理干净。

（2）浇筑混凝土。

（3）柱体加工。轮廓标的柱体应在鉴定合格的生产厂家集中加工制作，并运输至现场安装。加工质量应符合国家标准的规定。

（4）柱体的安装。轮廓标的柱体应采用装配式，可直接插入预留孔中，或采用法兰盘连接方式，也可采用现浇混凝土基础方式。安装过程中应注意以下几点：

1）设置高度（指反射器的中心高度）应与附着式轮廓标的高度大致相同。

2）轮廓标反射器的安装角度，无论在直线段或者在曲线段上，应尽可能与司机视线方向垂直。

3）反射器与柱体或者支架之间应黏结牢固，以免脱落。

4）柱体应垂直于地平面，三角形柱体的顶面平分线应垂直于道路中心线。

5）柱式轮廓标施工应于路面施工完成后进行。

4. 附着式轮廓标、线形诱导标施工工序

（1）放样。根据设计间距要求，定出具体位置，并作标记。

（2）轮廓标安装。

1）附着于波形梁上的轮廓标，由反射器、支架、连接件组成。根据建筑物的种类及埋置的部位采用不同形状的轮廓标和不同的连接方式。附着于波形梁护栏中间的槽内时，反射器为梯形，与后底板铆接在一起，其后底板固定在护栏与立柱的连接螺栓上，且不能采用气割孔进行螺栓固定。后底板应做成一定的角度，角度的大小以保证汽车前照灯光能大致与其保持垂直为原则。

2）附着于混凝土护栏、隧道侧墙上的轮廓标，应按设计高度、间距要求先做好标记，后用电钻在侧墙上打孔，采用膨胀螺栓将支架固定。打孔时不得损坏混凝土结构物。

（3）线形诱导标安装。附着于护栏上的线形诱导标，由反射器、底板、立柱和连接件组成，立柱通过抱箍与护栏柱连接固定。面板应与驾驶员视线尽量垂直，安装高度应满足设计要求，安装过程中应保持面板的平整度。

5. 设置原则

（1）高速公路和一级公路的主线上，以及互通式立交、服务区、停车场等的进出匝道或连接道，应全线设置轮廓标。轮廓标在公路前进方向左右侧对称设置。高速公路、一级公路主线段设置间隔为24～32m，大、中桥及隧道设置间隔应为12～16m，匝道上的设置间隔一般取4～8m。路宽度、车道数量有变化的路段及竖曲线路段，可适当加大或减少轮廓标的间隔。

(2) 分、合流诱导设施原则上应在互通式立交的进、出口匝道附近有交通分、合流的地方设置。分流诱导设施设在分流端部；合流诱导设施设在合流端部前方适当地点。

(3) 指示性线形诱导设施，应设在一般较小半径或通视较差、对行车安全不利的曲线外侧。警告性线形诱导设施，应设置在局部施工或维修作业等需临时改变行车方向的路段。

6. 视线诱导设施的表面防腐处理

凡用钢材制造的部件，如底板、夹具、钢管、紧固件等钢材部件，可采用热浸镀锌进行金属防腐处理。底板、夹具、钢管的镀锌量为 $500\sim600\text{g/m}^2$，紧固件的镀锌量为 350g/m^2。螺栓、螺母在热浸镀锌后，必须清理螺纹或作离心分离处理。当条件允许时，螺栓、螺母等紧固件可采用粉镀锌技术处理。

6.1.4 交通标志

1. 施工要点

标志工程的特点是布点分散，结构复杂，类型众多。施工前应到现场结合图纸进行实地踏勘，以便及时发现问题。应重点关注标志桩号、版面设计内容与实际是否相符，标志设置后有无视线干扰，设置位置处有无高压线（会影响起重机工作），标志基础预留预埋情况（特别是附着在桥梁上的预留基础），线外路网指路标志情况等。各种因素应综合考虑，发现问题后及时上报，努力在施工前解决。实践证明，现场踏勘（或称实地放样）对日后工程的顺利进行起着重要作用。

道路交通标志的施画方法有：人工漆刷法；热熔涂布法；反光标志带贴附法；钉、钻、埋法以及用手推式画线机、画线车画线等。

2. 施工中应注意的问题

(1) 标志基础。

①要特别注意互通立交区段的开挖，因为立交区内光缆、电缆众多，要防止开挖过程中出现损坏光缆、电缆的情况。

②从基坑中挖出的剩余材料，运至监理认可的地方；所有基坑挖方应保持良好的排水；基础的排水方法和采取的措施应取得监理的批准。

③通常，标志施工设计图纸中标志基础所在的边坡比例为 1:1.5，而实际中边坡比例不尽如此。如果仍按设计进行施工，则可能会出现基础顶面埋设在土中或基础顶端外露过多的情况。

④混凝土基础中的预埋地脚螺栓和基底法兰盘位置要准确，特别是门架、悬臂

标志预埋件的位置直接影响标志安装后的角度、板面净空等，应特别注意。

交通标志施工现场如图6-8所示。

(2) 标志板面制作。

交通标志的形状、图案、颜色、字体和所采用的反光膜、铝合金板、铝合金槽应严格按设计图及规范规定执行。在此着重介绍铝合金板的拼接。为了保证标志板面的平整度，设计中对于尺寸小于 $8m^2$ 的标志板一般采用厚度为2mm的铝合金板制作，其余交通标志牌采用厚度3mm的铝合金板，并采用铝合金龙骨加固。板与板、板与龙骨的连接一般采用铆接方式，目前出现了新的拼接工艺——焊接。随着道路等级不断提高，车辆行驶速度越来越快，要求的标志板面尺寸也越来越大，对标志板质量也提出了更高要求。

图6-8 交通标志施工现场

6.1.5 交通标线

1. 施工工艺流程

路面清扫→施工放样→涂下底油→涂料加热→涂画标线→撒布玻璃珠→交通管制。

2. 施工要点

1) 交通标线施工温度和速度的掌握对施工质量有相当重要的影响，因此要求施工操作人员必须具备有关标线涂料及其施工技术的基础知识。在操作过程中，能够根据涂料的不同性能指标，调整设备、施工温度和速度，以达到理想的质量效果。手推式画线机画线如图6-9所示。

图6-9 手推式画线机画线

2)施工最佳条件：环境温度5~32℃。对于气温过高或者车流量较大的施工区域，应延长车辆禁行时间。

3)振动标线的型号、形状和间距设定，必须根据使用者的目的、用途以及道路特征、车速车流量等设定科学合理的最佳方案。

4)施工设备应经常维护保养，否则会影响图形的美观和成形。

3. 常见质量问题的解决

标线施工中极易产生气泡、表面不平及毛刺等现象，影响视认效果和美观。产生上述现象的原因有很多，如涂料质量、气温及路面结构等。涂料、气温等因素可以通过选择优质材料、调整施工时间等方式解决，但路面结构是不可改变的。目前高速公路路面多采用SMA结构。SMA路面空隙较大，标线施工时易产生表面不平及毛刺现象。应特别注意需放慢画线车速度，控制好涂料加热温度。另外还有一种环氧树脂沥青混凝土路面结构。这种路面由于含有环氧树脂，在高温下（涂料温度180℃）易使标线产生气泡。对可通过调整涂料加热温度、底层下涂剂的类型及用量等方式来解决气泡问题。

6.2 公路绿化工程施工

6.2.1 基础知识

1. 高速公路绿化工程的概念

高速公路绿化是指在高速公路用地范围内，以路为中心，通过相应的空间划分和绿化植物的合理配置，对路体各部位实施乔、灌、草、花的定位栽植。高速公路绿化是高标准的生态工程建设，具有多重效应和综合效益，也是公路建设中的一个内容，绿化的目的是稳固路基、保护路面、美化路容、改善环境、减少噪音、舒适行旅、诱导汽车行驶，也是防风、防沙、防雪、防水的重要措施之一。高速公路绿化工程要求"功能"与"景观"相互协调统一，并贯穿于工程设计与施工的始终。

2. 高速公路绿化工程的特性

高速公路绿化是国土绿化和环境保护的重要组成部分，是高速公路建设和管理中的一个重要内容，不同于一般公路绿化，更有别于城市绿化。由于考虑高速公路所经路段的地形、地貌、土壤和小气候的多样性，以及"高速""安全"的要求，决定了高速公路绿化工程有其自身的特性。

(1) 工程的特性。公路绿化工程是集草地学、草坪学、园林学、水土保持学和环境生态学为一体的生态工程，具有多重效应和综合效益，它要求有严密的设计、精心的施工和完善的管理。通过严密的设计，以最低的工程投入获得最大的经济效益和生态效益；通过精心的施工和完善的管理，保证绿化种植成活率和绿化目标的实现。

(2) 园林的特性。高速公路绿化工程考虑与沿线景观的协调，它虽然主要利用植物、地形、地貌、山、水等有限的造园要素进行景观设计与施工，但它既然采用了园林手法就具有了园林的特性。另外，高速公路的互通式立交、服务区、收费站、广场等空间的绿化还广泛采用了雕塑、建筑（亭、榭）等造园要素，使服务区、收费站、互通式立交等实际成为一块小园林。

(3) 生态工程的特性。"生态工程是利用生态系统中物种共生和物质循环再生原理及结构与功能协调原则，结合结构最优化方法设计的分层多级利用物质的生产工艺系统。生态工程的目标就是在促进自然界良性循环的前提下，充分发挥物质的生产潜能，防止环境污染，达到经济效益与生态效益同步发展。"按照这一定义，公路绿化工程首先是一个系统，这个系统具有经济效益与生态效益，完全符合绿化工程定义条件，所以说高速公路绿化工程具有生态工程的特性。

(4) 公路绿化工程的多样性。高速公路绿化工程是带状绿化工程，它要讲究与沿线自然景观的结合，就必然具有多样性的特性。它既包括山岭地区的绿化、平原地区的绿地、水泽地带的绿化、草原地区的绿化、沙漠地区的绿化，还包括中央分隔带、服务区、互通式立交、防护工程以及桥梁的绿化等，是十分复杂多样的绿化系统。一条高速公路绿化的复杂程度远远超过一个大型园林的建造。

(5) 公路绿化工程的综合性。公路绿化工程是一门综合性的学问，它既要研究观赏树木、经济树种和各种花卉的培育，又要研究从规划设计到育苗、种植、管护及经营管理的理论和方法，更要研究植物的生物学特性和生态学特性，有系统地探讨它们的生长发育规律。因此要懂得一些遗传学、生态学、环境保护学、选种育种、引种驯化的知识，也要学习一些植物分类、植物生理、植物病理知识，还要懂得一些气象、土壤、肥料、植物保护知识以及科学的管理方法。

6.2.2 公路绿化施工

1. 公路绿化施工前的准备

(1) 土壤测定。在高速公路施工过程中，向土壤中遗弃了大量废弃物，特别是互通式立交区和中央隔离带，导致部分土壤的pH值通常在8.0~8.5之间，一般绿化植物难以生长；边坡，特别是土边坡，土壤硬度高，植物的根系很难向深层土壤伸展；边坡的土壤多为生土，缺乏植物生长的必要元素，加之土壤团粒结构没有形成，保水、保肥性能差。另外，土壤中还可能含有对植物生长有害的矿物质。因此，在公路征地范围内种植绿化植物之前对土壤的理化性能，如酸碱性、有机质含量以及土壤硬度等进行比较详尽的测定是非常有必要的。土壤测定如图6-10所示。

（2）整地。公路绿化的整地不同于一般农业上的整地，它不仅包括通常的浅耕、耕地、耙地、镇压和中耕等5个步骤，在此之前的平整场地、削地、换土等也将作为其中一部分。

互通式立交场地平整。依照绿化设计的要求先用推土机等机械设备将场地粗略整治之后进行灌水，把水浇透，使得土壤自然下沉并使

图6-10　土壤测定

坑坑洼洼的地方暴露出来，防止将来发生土壤塌陷，难以补救。待土壤干燥之后再用推土机等设备平整场地，直至整地达到绿化设计要求。

边坡平整。路桥施工后产生边坡，多为生土，植物在其上生长非常困难。为了在边坡上种植绿化植物，可以采用换土，在平整场地的时候，多采用人工平整，如图6-11所示。

（3）种植前的种子处理。有些绿化植物，主要是一些采用种子直播方式建植的草坪和地被植物。种植之前需要进行处理，以确保苗木的健康生长。

选种。目的是清除杂质，将不饱满的种子及杂草种子等去掉，以获取籽粒饱满、纯净度高的种子，清选方法可以用清选机清选，也可以用人工筛选扬净。

浸种。公路施工完成后，越早

图6-11　边坡平整

进行绿化对防护工程价值越大。加快种子萌发，可以使之尽早绿化。浸种可以加速

种子的萌发。浸种的方法很多，草坪中禾本科种子浸种一般1~2d，豆科16~22h；地被植物种类比较多，不同种类的浸种时间稍微有些差异，一般掌握在6~18h，期间注意换水2~4次，浸种后置阴凉处，每隔几小时翻动一次，过1~2d，种子表皮风干，即可播种。

砂藏法。可促进种子的萌发。有些种子休眠期比较长，特别是一些木本植物的种子如小檗、榆叶梅等，为了使种子渡过休眠期，顺利萌芽，一般将种子与相当于种子体积1~3倍的湿砂土或其他类似物拌和均匀，然后埋藏于排水良好的地方，不同植物的种子砂藏的时间不同。

去壳去芒。有荚壳的种子发芽率低，有芒的禾本科种子不便播种，这些都应在播种之前处理，除去荚壳和芒。

特殊处理法。有些种子有很厚的不透水的种皮，可采用机械磨损的办法，使种皮破裂吸水萌发。在实际操作中可以考虑用磨米机摩擦，也可在种子中掺进沙子相互摩擦，或用砖在地上轻轻摩擦，到种皮发毛即可。也可以采用药剂处理的方法来腐蚀种皮使其透水，如用溴化钾溶液处理24~48h，能使小叶女贞、国槐等种子顺利萌发；用浓硫酸处理小冠花20~30min，然后用水冲洗也能使其种皮透水。

(4) 植物材料的选取

1) 乔木和灌木

①乔木。乔木主要应用在大型互通式立交区及公路两侧作为行道树。其树体高大，有明显的高大主干，公路上栽植的乔木高度通常为5~20m，公路占地范围内的土壤条件比较恶劣，植物生长比较困难。另外，不同公路类型其要求也存在一定的差异，因此在材料的选择上应突出这方面的要求。

②灌木。灌木在公路边坡、中央隔离带、互通和服务区应用非常广泛。作为绿化的重要材料，它在美化绿化中起到非常重要的作用。

2) 草坪及地被植物。草坪和地被植物在一、二级和高速公路上应用面积比较大，主要应用在互通式立交区、边坡、服务区和收费站等处。应用于公路上的草坪和地被植物应具备以下的生物学特性：

苗期生长速度快。路基工程完成后就需要马上进行绿化，以防止降雨对其产生的侵蚀，苗期生长速度越快，覆盖速度越快，效果越明显。

再生能力强。出于美化和其他方面的要求需要经常对所种植的草坪和地被植物进行修剪，只有具有较强的再生能力，才能满足要求。

具备连片生长能力。这样才能使裸露土壤得到有效覆盖，起到水土保持的作用。所以，具有匍匐茎或根状茎以及分蘖能力强的禾本科和豆科草坪，如狗牙根、沟叶结缕草、细叶结缕草、紫羊茅、无芒雀麦、白三叶等经常用于公路绿化。

2. 乔木和灌木的绿化施工

(1) 刨坑

1) 刨坑时要找准位置，以所定位置为中心，按规定坑径划出坑的范围。

2) 挖坑时应把表土与底土分别置放，如土质有好有坏亦应分开堆放，堆放位置以不影响栽植为宜。刨坑到规定深度后在坑底垫底土。

3) 挖坑的坑壁要随挖随修使其成直上直下，不要成锅底形。

4) 刨坑时如发现地下管道、电缆等地下设施应停止操作，并及时向项目监理报告解决。

5) 在斜坡处挖坑应先做成一平台，平台应以坑径最低规格为依据，然后在平台上再挖坑。

乔木、灌木干径或树高相对应的树坑规格对照见表6-2。

表6-2 乔灌木干径或树高相对应的树坑规格对照表

乔木直径/cm			3~5	5~7	7~10	
灌木高度/m		1.2~1.5	1.5~1.8	1.8~2.0	2.0~2.5	
常绿树高度/m	1.0~1.2	1.2~1.5	1.5~2.0	2.0~2.5	2.5~3.0	3.0~3.5
坑径/cm²	50×30	60×40	70×50	80×60	100×70	120×30

绿篱高度与相对应的坑槽规格见表6-3。

表6-3 绿篱高度与相对应的坑槽规格表

绿篱高度/m	1.0~1.2	1.2~1.5	1.5~2.0
单行/cm²（槽：宽×深）			
双行/cm²（槽：宽×深）	30×40	100×40	120×50

(2) 栽植的操作方法

1) 修剪工作对高大乔木应在散苗前后进行，即在栽植前进行；高度3m以下无明显主尖的乔木和灌木，为了保证栽后高矮一致、整齐美观，可在栽植后修剪，修剪的剪口应与树干平齐、不留枯枝，以免影响愈合；短截时注意留外芽，剪口距芽位置要合适，一般离芽1cm左右，剪口应稍斜成马蹄形；修剪2cm以上的大枝剪口应涂防腐剂，可促进愈合和防止病虫雨水侵害。

2) 散苗。散露根苗应掌握"随掘、随运、随散苗、随栽植"，尽量缩短根部暴露时间以利成活。散苗时要轻拿轻放，行道树散苗要顺路的方向放树苗，不得横放路上影响交通；散带土球树木，要注意保护土球完整，搬运土球时不得只搬树干,尽量少滚动土球;散50cm以下土球可放在坑道,散50cm以上土球应尽量一次放入坑内,但深浅要合适,公路绿化散苗栽种如图6-12所示。

3)栽植前对露根苗的根系要进行修剪,将断根、劈裂根、感染病虫害根、过长的根剪去,剪口要平滑,带土球苗和灌木应将围拢树冠的草绳剪断,以便选择树形好的一面。

4)栽植前检查坑的大小、深度是否与根系、土球规格标准要求的坑径一致,不符时应修整。

图6-12 公路绿化散苗栽种

5)栽树时不得歪斜,要保持树木上下垂直,有树弯时应掌握树尖与根部在一垂直线上即可,行道树的树弯应在顺路的方向,与路平行。如为自然树、孤立树应注意好面朝主要方向,并尽量朝迎风的方向。

6)栽植露根树木应根系舒展,不得窝根。立直树后填入表土或好土,再将树干轻提几下使土与根系密接,并应一边填土一边用脚踏实。踏实时注意不要踩树根,以免将根踩坏,栽植深度应符合相关规定。

7)栽行道、行列树必须横平竖直,栽植时可每隔10株或20株按规定位置准确地栽上一株标兵树作为依据,然后再分别栽植。

栽植后对现场进行清理如图6-13所示。

8)栽植带土球树木(图6-14),要尽量提草绳入坑,摆好位置和高度后用土铲放,再剪断腰绳和草包。栽绿篱时如土球完整、土质坚硬,应在坑外将包打开,"提干捧坨"入坑。坑内拆包应尽量将包装物取出,如有困难亦应剪断草绳,剪开草包尽量取出所余部分。然后填土踏实,踏实时不要砸坏土坨。

图6-13 栽植后对现场进行清理

9）栽植较大规格的常绿树和高大乔木时应在栽植时埋上支柱，支柱应埋深在30m以下，支柱要捆牢，注意不要使支柱与树干直接接触以免磨伤树皮。立支柱方向应在下风口。

10）灌水、封堰。栽植后48h之内必须及时浇上第一遍水；第二遍水要连续进行。第三遍水在二遍水后的

图6-14 带土球树木栽植

5～10d内进行，秋季植树如开工较晚可少浇一道水，但灌水量要足。

3. 草坪及地被植物的绿化施工

（1）播种与灌溉。草坪种子一般比较小，拱土能力差，不宜深播，所以多采用撒播的方式播种，播后用钉齿耙沿一个方向耙，然后镇压，保证种子与土壤充分接触。播后要注意保湿，保证种子发芽所必需的水分，同时又要防止土壤板结。所以最好加覆盖，其原因为：①可以防止土壤水分蒸发；②可以防止阵雨或灌溉造成的土壤板结和水土流失；③可以保温，促使种子尽早出苗。

由于边坡与平地的环境条件相差较大，为此在边坡上植草时必须经过特殊处理。坡面植草的方法很多，每一种方法都有其优缺点，所以应该选择适应当地的土质条件和施工时期的方法。

1）判断种草的可能性。应用硬度计测定土壤的硬度。硬度在23mm以下，苗容易扎根，超过这一指标，扎根逐渐困难起来；当土壤硬度超过27mm时，草坪的根就扎不下去。

2）选择合适的草种。最好选用具有深根系、耐干旱和有匍匐茎或根状茎的草坪草，因为边坡首先要考虑防止水土流失，确保路基的稳定。所以在我国的北方可选用野牛草、老芒麦、无芒雀麦、紫羊茅、小冠花和结缕草，南方宜选用香根草、狗牙根、假俭草、细叶结缕草、沟叶结缕草等。

3）选择适当的施工工艺。可供选择的方法有：植生带、土工网（或三维网）、喷播、穴播或挖沟施工法等。每一种方法都有其优缺点，下表简要列举了几种坡面施工方法的优缺点。

不同边坡植草方法比较见表6-4。

表6-4 不同边坡植草方法比较

名称	施工方法	特点
植生带	用无纺布构成,中间夹有草,使用时将其平铺在边坡上,上面覆盖一层沙壤土	施工方便 可用于坡度为1:1.5~1:2.0的边坡 可以全面绿化
喷播	将种子、肥料、土壤稳定剂、覆盖材料和水按一定比例混合成泥浆状喷射到边坡上	可以在陡坡上施工 全面绿化、速度最快 如不追肥容易发生缺肥现象
	将种子、肥料、碎稻草或麦秸在水中拌匀,用泵喷射到边坡上	能大面积迅速施工 全面绿化 容易缺肥
土工网垫（或三维土工网垫）	首先修好坡面、施足基肥 撒种 铺上土工网并覆土	能在陡坡上施工 护坡效果好 全面绿化 造价较高
穴播	在坡面上挖穴,在穴中放入固体肥料、加土,再插入种子、培土、并喷洒保墒剂	主要使用在不良土质的挖掘面 覆盖速度较慢
条播	在坡面上每隔10cm挖5~10cm深的沟,沟内放入肥料、垫土、播种、培土填压	用于坡度为1:1.5~1:2.0的边坡 成本较低 可大面积施工;覆盖较慢

4)边坡的立地条件差,如果管理上跟不上,一般情况下,当年种植的草坪,经过2~3年后,随着外来种的侵入,逐步被取而代之。所以,为了使草坪保存时间更长,可以选用当地野生的多年生低矮的禾本科或豆科牧草作为草坪用草,在当年种植的草坪中可适量加入一些豆科牧草以增强土壤肥力。在一些土质不稳定的边坡单纯依靠植物护坡往往不可靠,所以常采用与防护工程相结合的方式。目前采用最多的是水泥蜂窝块,块内种草坪;另一种常见的是拱形或网格护坡,在拱内或网格内种草等。

(2)无性繁殖方式。无性繁殖是利用草坪草的匍匐茎或根状茎以及草皮块进行植草的种植方式。种好的草皮块如图6-15所示。

图6-15 种好的草皮块

1）利用无性繁殖建植步骤

①选择健壮的苗。

②松土。这是植草中非常重要的一环。松土厚度为 20～30cm 左右，并清理土中的碎石块及其杂物等。

③施肥。以有机肥为主，培肥同时也改善了土壤结构，为草坪的生长创造了一个适宜的环境。

④预先浇水，增加土壤墒情。

⑤植草。

⑥有一段时间的缓苗期，这一段时间特别注意保湿，促使幼苗的生根。

2）无性繁殖的建植方法。无性繁殖的建植方法很多，公路上可能采用的方法有：

①铺草皮块。此法见效最快，但成本也高。

②开沟植茎。主要针对一些具有匍匐茎的草坪，加狗牙根和野牛草等。先开沟，沟与沟之间的距离约为 50cm 左右，沟深 4.5cm，把根茎埋入沟中然后覆土填压。

③草塞法。在边坡上挖穴，把成丛带根的草塞入穴中，草最好带一些原土，有条件的可以在保水剂中浸泡一下以增强保水力。

④撒茎覆土法。在立交或缓边坡，整地完成后将草坪的根茎撒在土壤表面，覆土然后浇水。狗牙根适合采用此法。

⑤移苗。这种方法关键在于选好壮苗，整好坪床。种植时选择带有 2～4 个节的嫩枝，扦插时将其中 1～2 个节埋入地下用于生根，另一端带有叶片的部分露出地面，种后压实，使之与土壤水分有效接触便于生根。

3）草坪无性繁殖方式的应用。无性繁殖建植比种子直播见效快，尤其在满铺的情况下，几乎是把异地的草坪原封不动移过来，其应用归纳起来有以下几个方面：

①有些植物生产种子比较困难，所以多采用营养体进行建植。如暖地型草坪中的狗牙根、细叶结缕草、沟叶结缕草、假俭草和野牛草以及青根草等。

②幼苗生长比较慢，发芽率低，特别是一些豆科植物如小冠花，种皮很厚，透水性极差，采用种子直播当年出来的苗很少。这种情况下常从育好的苗圃中移苗，以保证尽快覆盖。

③植物立地条件比较恶劣，如在一些砂质边坡进行建植，若采用种子直播，由于新出的苗抗逆性差，极易死亡，采用移苗可以大大增加建植的成功率。

④绿化时间比较紧迫，只能采用铺草皮的方式。特别在雨季，为了防止雨水对公路边坡的冲刷，常采用满铺的方式，把草皮切成 30cm×40cm 大小的块平铺在坡面上。为防止草皮脱落还可以在草皮块上钉一些楔形木桩。在草皮的连接处垫上富含营养的土壤，以防草根暴露在空气中。

⑤比较陡直的土质边坡，采用种子直播会因为风、雨或灌溉等的影响而被冲刷掉，此时也可以采用移栽的办法。

4. 补植

在公路绿化施工中，再理想的管护措施也难免出现部分苗木死亡的现象，因此需要补植。补植方法与一般栽植基本相同，但由于种植时间上滞后，不在植物最适合的生长季节，而公路不会允许一年以后再补植，因此需要采取部分特殊的措施。

夏季补植，主要针对春季栽植死亡的树木，由于发现死亡后正是植物生长旺季，此时不宜补植。但树木夏季有 20d 左右生长比较缓慢的时期，此时春梢停滞生长，其他枝尚未发芽，如此时补植，宜选择春梢停止生长的苗，配合重剪和向枝叶上喷水控制小气候。如果是裸根，可以采用泥浆沾根或适当带部分原来的土壤，若养护得当基本可以保证成活。此外，还可以用生长素处理根系，促使根的发生；对于土球苗木，可以加大土球量，并采用重剪、叶面喷水等措施，改善小气候条件，减少水分蒸发。

夏季种植的苗木主要为常绿树种，特别是松柏类占的比重很大，发现死亡后多在秋季，如果种植所在地的冬季不是很冷、风不大，可以在秋季补植。